こころの羅針盤《コンパス》

人生を迷わないために…

衛藤信之
Nobuyuki Eto

毎日新聞出版

はじめに

この本の執筆を始めた頃に、中国からコロナウイルス感染拡大の噂が聞こえ始めていました。そして見る見るうちにコロナウイルスは世界に広がり確実に世界史に記される出来事にまで被害をもたらしました。

僕は素人ですが、占星術では200年に一度の大きな転換期の時代だと言われています。時代は「土の時代」から変化をもたらす「風の時代」に移行したとか……。ビジネス界でもコロナ禍によるテレワークが急増し、職場の環境も都市中心から心地よい職場環境へと風のように移動が促進されています。土地神話が崩れ、住む場所も働く場所もノマド化が進んでいます。

※ノマド（遊牧民のように移動して、その時に見合った場所に居住する）

さらに組織から個人へと時代は移っています。それは大手芸能事務所の解体や大手のテレビ局よりも個人のYouTubeへと情報発信の動きは止めることはできません。

大きな時代の流れと、どこから吹きつけてくるかわからない突風とで、人々は大波の中で、心は大きく揺り動かされてしまっています。それが現代人の得体もしれない不安と焦りを生じさせ心の病につながっています。若者と女性を中心に自殺者も増加をしています。

この嵐の中で心の方向性を見誤ると、変化のうねりに流されて難破しかねません。

この荒波を渡るには「こころの羅針盤《コンパス》」が必要だと思い、この本を執筆しました。荒波にパニックになるか、荒波を、人生を前に進ませる、最高の波だと楽しむことができるかで、人生は違ってきます。

過去の歴史でもペストが猛威を振るった時代がありました。その時代はヨーロッパの3分の1以上の人口が減りました。今と同じように名門ケンブリッジ大学も、閉鎖しました。その時代に生きたアイザック・ニュートンは雑事から解放されたる「創造的休暇」と名づけて、あの有名な「万有引力」を発表しました。彼はペストパニックの数年間を「驚異の諸年」と呼べるほどに荒波を楽しんだのです。

僕が生活を共にしたアメリカ・インディアンは「嵐の時には、海の底に沈んだ栄養が海面に浮かぶし、嵐で大地を掘り起こされ肥沃な土を我々にもたらすのさ」と視点を変えます。厳しい自然の中で長い歴史を生きてきた彼らは、変化する自然に対して、真っ向から対決するのではなく、もたらされた意味を探ります。

インディアンは言います。「行き止まりになったら視点を変えろ」。これを「イーグルの目線」と呼びます。角度を変えて高い視野から出来事を見てみなさいという意味です。

人が悩み不安になる内容は「人生の悩み」「仕事の悩み」「恋愛の悩み」「夫婦の悩み」「子育ての悩み」「老後の悩み」「死の悩み」です。それぞれに嵐が用意されています。

その時々のトピックスを最新の心理学を「緯度」に、インディアンの知恵を「経度」にして、それぞれのテーマに「こころの羅針盤」になるようにと思って書きあげました。

激動の時代の航海も、この本が皆さんの側にあって水先案内人になり、あなたの港にたどり着くことを僕は願っています。

心理カウンセラー　衛藤信之

目次

第3章 「恋愛」の章

第4章 「仕事」の章

第5章 「結婚」の章

第6章 「子育て」の章

第7章 「老い」の章

第8章 「死」の章

第1章　イーグルのような高く広い視野を持とう！

誰もが自分は間違っていないと思っている

人は悩み困った時ほど、考えが固まり、一方通行でしか世界が見えなくなります。人は目が顔の前面に二つあるので、自分の外にしか視線や思考が向きません。「上司がパワハラです」「ステキな恋人に出逢わない」「子どもが朝、ダラダラしていて起きない」「夫がうわの空でしか私の話を聞かない」「年老いた親がどんどん頑《がん》固《こ》になっていく」と、私の悩みは、外に原因があるのだと、多くの人がカウンセリングの現場で語るのです。

「相手や環境が変われば、私は幸せになる」のだと……。この考え方は多くの悩める人々の特徴でもあります。外が変われば、すべては解決するのだと言うのです。

確かに状況が変われば、人は一時的に悩みがなくなったように思います。では、本当にそうでしょうか？　心理カウンセラーとしては、それは正しくありません。

環境が変わっても、周囲が変わっても、悩む人は同じような落ち込みや気分に見舞われてしまうのが現実です。

詐欺《さぎ》にだまされる人は、再度だまされる確率が高いと聞いたことがあります。ですから「詐欺被害者の名簿が闇《やみ》の社会では高額で売買される」という恐ろしい話もあります。それは十分にあり得ることです。同じ被害に遭《あ》わないためには、詐欺集団に出遭わないことでなく、自分の癖《くせ》を知ることです。

私たちは親として子煩悩《こぼんのう》だから、オレオレ詐欺に遭った時には愛する子どもの危機に対して冷静な判断力を失ってしまう心の癖があると客観的に自覚すれば、同じ被害に遭わないですみます。大切なことは、加害者を恨《うら》むよりも、自分を見つめ直すこと。それが同じ被害に遭わないために必要な準備になります。

子どもが朝起きないとなげく母親自身が「目覚《めざ》まし時計役」をしている場合もあります。「起きなさい！　起きなさい！」が便利な目覚まし時計になっているのです。そこに親が気づけば、対処《たいしょ》が変わってきます。

親に愛されなかったから「親を許せない」という人もいます。そんな人に「どんな親が理想的な親なの？」と尋ねると、「私の話を聞いてくれて、買い物にも付き合ってくれて、私を誰よりも信じてくれる親です」。

ただ、実際は彼女の望むような親ではない現実があります。

そういう親だから「私は不幸です」と結論を出してしまうと、人生は他人任せです。大切なことは、そんな親に育てられたからこそ、「心理カウンセラーになった」「いい親になる準備ができた」「愛の大切さを学べた」など、たくさん見えてくる世界が広がります。「許せない」は、過去に対する恨みです。

でも、自分自身は「どんな親になりたいのか？」。

「今でも完璧《かんぺき》な親のイメージに自分自身がしがみついていないか？」

「親も余裕（心、金銭、夫婦仲、姑《しゅうとめ》の顔色）がない中での、子育てではなかったか？」

「私は完璧で人を傷つけたことがないか」

と視点を変えて見ることが、悲しい過去を未来の希望に変える第一歩になるのです。

自分を疑わない人が失敗する

僕が心理カウンセラーとして大切にしていることは、いつもビギナー（初心者）であることです。過剰に自信を持ち過ぎないことです。

医療の世界でも自分を疑わないお医者さんは医療ミスを犯《おか》します。患者さんへの診断、治療方針が間違っていないか、セカンド、サードオピニオンに確認するような、謙虚《けんきょ》なお医者さんは患者さんから訴えられるリスクは少ないのです。

自分が正しいと思っている国々が、他国を認めないと戦争が始まってしまいます。危険なカルト宗教も自分の正しさで犯罪を犯しました。

カウンセラーの僕の経験からも「私が子どものことを一番わかっています！」と言う親が一番、子どものことをわかっていませんでした。

「今までのビジネスのやり方でうまくいく！」と豪語《ごうご》する経営者が時代の変化を読み取れず倒産しました。

日露戦争でロシアのバルチック艦隊《かんたい》を巨大戦艦《せんかん》で撃破《げきは》した日本艦隊が第二次世界大戦のミッドウェーで大敗北をしたのは、大艦《たいかん》・巨砲《きょほう》にこだわり、航空戦への移行に失敗したからだといわれています。

古い話を持ち出さなくても、性能の複雑さと機能の多さにこだわった日本の家電メーカーに比べ、複雑なボタンを一つにまとめ、指1本で動かすシンプルなデザインでスティーブ・ジョブズ率いるアップル社は、携帯端末《けいたいたんまつ》の世界を変えてしまいました。

第三の目は、自分を疑う視点

このように**自分が正しいという世界観を持っていると、時代のスピードに心がついていけなくなり大きな間違いを犯してしまいます。**

仏さまのおデコには、白毫相《びゃくごうそう》という白い毛が巻いています。ここから智慧《ちえ》の光《こう》明《みょう》を放っているといわれます。

インド哲学では第六のチャクラのアージニャーと呼ばれる位置です。ヒンドゥー教などでは第三の「悟《さと》りの目」ともいわれています。この悟りの目は、自分自身を外から疑って見る「成長する目」です。客観的に自分自身を外から見つめるようになると、自分の思考が広がります。真実が見えてくるというのです。

「親が間違っている！」「上司が変わるべき！」と、人さし指で他人を指《さ》す時には、隠れた中指、薬指、小指の3本は自分に向いています。

だから、**悩み、怒りの原因は外（お金、環境、誰か）ではなく、自分のコリ固まった思考のパターンにあるのです。**

ですから、覚えておきましょう。自分が「正しい」と思う時には、正しいという漢字は「一」たん「止」まって自分を疑えということだと。

他人と過去は変えられない。変えられるのは自分と未来

昔の心理学は、その第一人者のフロイトにより「原因」が「結果」を作るといわれていました。

過去の幼少期のつらい心の傷（トラウマ）が、大人になってからの性格を作り、人間関係のトラブル（結果）を生みだすというのです。

現代は新しい流れが心理学の世界に生まれています。

悲しい出来事を「悲しい」と心に刻《きざ》むのか、それがあったから「気づき」や「成長」「学び」へとつながったのか、大人になれば自由に選択できるというのが新しい心理学の流れです。過去に振り回されるほど、私は弱くないと思えばよいのです。

僕自身を振り返っても、心の成長は、この新しい心理学の流れの変化にぴったり一致します。

僕は小学校の低学年の頃に両親が離婚しています。その後いろいろな継母《けいぼ》が、次から次へと変わりました。父親が新しい女性と暮らすたびに、その人たちが継母になったのです。その中で僕自身が一番慕《した》っていた継母は父親の他の女性遍歴を知ってしまい、僕が自宅の2階にいた時に、1階で自殺をしてしまいました。

その継母の死後、僕は大阪から九州に転居して、妹と一緒に祖母に育てられました。その時は、「なんて自分は不幸なんだ」「世界一悲しい少年時代だ」と、信じて疑いませんでした。

でも、それがあるから心理学に興味を持ち、心理カウンセラーを目指したのです。

もし、それらの過去がなかったら僕は心理カウンセラーになっていないし、「苦しんでいる子どもたちを救う」という強いモチベーションを保つことはなかったはずです。

その不幸な出来事があるから、悲しみを抱えた人の苦しみに共感できもするし、僕のように親をトラウマ（心の傷）だと思っている人に、「それを未来のエネルギーに変えられるんだよ」と強く語れる力の源《みなもと》にもなっています。

イーグルのように高い視点で人生を眺《なが》めよう！

では、そんな新たな視点を持つためにはどうすればよいか？

インディアンは言います。「イーグルの視点を持て」と。

それが**今まで記してきたように「自分の見方が正しい」だけに限定しないで、違う角度から「自分」や「他の人」「世界」を眺めて見ることです。**

「上司がパワハラだ！」。これも「事実」を吟味《ぎんみ》しなければなりません。事実は「自分の資料でなく同僚《どうりょう》の資料が会議で採用された」「残業代も出ない忘年会に誘われた」「来週のウイークエンドの休みは出勤してくれと言われた」「そんな甘い考えなら仕事を辞めろと言われた」「突然、意味なく殴られた！」まで、パワハラにも事実の範囲《はんい》が広く差があり過ぎます。

事実によっては「成長する機会」だと捉え、パワハラと感じない人もいるのです。

また、それが「事実」であっても、その視点の角度は、人の数だけあります。

「自分があんな上司にならないようにダメ上司をモデルにしよう！」「結婚した彼女のお父さんがあんなタイプかもしれない、やりにくい人とどう付き合うかの練習をしよう！」「バカ上司日記をつけてネット配信で有名になろう！」と視点を変えるか、「あんな上司の会社なんか辞めてやる！」と仕事探しをするか、「あの上司を殴ってやる！」と刑事事件に発展するかも、視点の違いで感情の結果は大いに変わってきます。

「ステキな恋人に出逢えない！」

これも、**何をステキと感じるかで、事実は違ってきます。**

「顔が魅力的なのか」「お金持ちなのか」「人に親切なのか」「こちらの気持ちを優先させてくれるのか」「身体《からだ》が好みなのか」——今挙《あ》げた条件に見向きもしない人もいます。

また「身体の好み」ですら筋肉質、スレンダー、ゆるキャラのような癒《い》やし系のぽっちゃりタイプを好む人とそれぞれです。それが人間の多様性です。

自分の好みのパターン（心の癖）を知らないで「ステキな人に出逢えない」と言

いきってしまっているのです。

たとえステキなぴったりの人に出逢っても、結婚生活が幸せになるとは言いきれません。

結婚には、「お金があれば幸せ」と思っても、パートナーが経営に失敗すると極貧になり、お金に価値を見いだしていた人には、結婚生活に物足りなさを感じて別れてしまうかもしれません。結婚相手に優しさを求めていた人は、その優しさが他の異性にも向いた場合、浮気のリスクも考えられます。さらに相手が親にも過剰に親切なら、嫁《よめ》姑の関係で愛情の綱引きで悩みます。

お付き合いの時、食べる物や行く場所を決める時にこちら側の好みを優先させてくれていた人は、結婚してからは「持ち家にするのか、借家に住むのか」と悩んだり、子どもの教育や学校の進路に対して、意見がほしい時に「君に任せる」と優柔不断に映って、「何も決められない夫」に頼りなさを感じるかもしれません。

また、独身は不幸だとも言いきれません。

子どもの学校の問題、夫婦間のトラブルを抱え、カウンセリングに来られる人もいれば、独身を楽しく生きている人も多く存在しています。独身の人が全員不幸になってはいません。

こんなことを僕が書いているのは天邪鬼《あまのじゃく》で、ひねくれた考えかたをお伝えしたいのではなく、**「幸せはこんなもの」と一つの見方にこだわると、「人生を間違えてしまいかねませんよ」という警告なのです。**

だから、いろいろな角度で物事を考える必要があるのです。

視点が低いと「魔のスパイラル」に落ち込む

また、相手が悪いという視点も疑いましょう。

夫がうわの空で妻の話を聞かないのも、奥さんが愚痴《ぐち》やご近所の悪口を語っているからなのかもしれませんし、子どもの報告をしているようでも、子どもへの愚痴であったり、ご主人が教育に参加してくれない不満であったり、近所への悪口から、こんな地域は嫌《いや》だ、引っ越せないのか、それが遠回しで「お金がない」「あなたの稼ぎがダメ」となってはいませんか？　奥さんが口を開くと、ご主人はストレスのために心のシャッターを閉じてしまっているのかもしれません。

ご主人を否定する前に奥さんが前向きな話をどれくらいしているかも、大切な自己発見につながります。ついつい奥さんが批判的なことを語ると、夫はうわの空になる、その態度にストレスと感じ、また夫を批判する会話へと向かわせる。そして夫は、心を閉ざす。この悪循環が起こっていませんか？　**それも「イーグルの目」を持つことで解決の糸口が見つかります。**

また、第7章の「老い」の章でもお伝えしますが、頑固になってきた親にイラ立つのも、自分が子どもの時に、「お風呂に入りなさい！」「しっかりご飯をよそ見しないで食べなさい！」と言われながら、親が根気よく付き合ったから、「今の自分があるなぁ」と思うなら、今がその恩返しだと思う見方もありますね。

もちろん読者の中には、「そんなに親に優しくしてもらっていない！　毒親《どくおや》だったから」と親に怒りすら感じる人もいるでしょう。それを今、復讐《ふくしゅう》として親に返すなら、あなたも毒息子《どくむすこ》であり、毒娘《どくむすめ》になりかねません。「トラウマ、インナーチャイルドが癒やされていない」と誰かを責めないで、過去の許せない親を許せたら、あなたは親を一歩も二歩も乗り越えて成長したことになります。

そして、それをあなたの子どもたちや孫が見ています。憎い人に復讐するのか、憎くても年老いた親をどう扱い関わるかは、次の世代が、あなたの老後を「どう扱うか」の学習をしているのです。**なぜなら、「学ぶ」は「真似る」から派生しているからです。**

このように過去の出来事を、どのような視点で眺めるかで、人生は大きく変わってきます。

今までとは、違う見方、世界のとらえ方で、そのイーグルの視点を「こころの羅針盤《コンパス》」にして「人生」「恋愛」「仕事」「結婚」「子育て」「老い」「死」という悩みを読者の皆さんとゆっくり旋回しながら、違う角度で眺める旅に出ましょう！

第2章　「人生」の章

人生の価値は、誕生ではなく死ぬ瞬間に決まる

インディアンの理想的な死とは、「生まれる時と、死ぬ時が逆転する人生を過ごすことだ。それこそが素晴らしい人生なのだ」というのです。

人が誕生する時には、泣きながら生まれます。そして、周囲は無事に生まれたことを笑って新しい命を迎えてくれます。これが誕生の景色です。インディアンの理想的な死は、亡くなる本人が「人生楽しかった！」と笑い、そのお別れに多くの周囲の人々が、泣いて別れを惜しむ。それが最高の人生の終わりかたなのです。

これは簡単なことではありません。その理想的な最後のために、**「今」出逢っている人や、これから出逢う人々に笑顔で接するのがよいのか？ ステキな言葉を誰かに語っているほうがよいのか？ いつも陰で誰かの悪口を語り、揚げ足を取る側にいるほうがよいのか？**

どちらを演じるかはあなたの自由です。その選び方で人生は決まるのです！

お金持ちになっても周囲から嫌われている人、組織でトップにかけ上ったが、定年の退職時に周囲から寂しがられないリーダー。

西洋のお墓には、その人を言い表す文章が刻まれています。

「いつも笑顔を絶やさなかった優しかった人ここに眠る」「あなたに会えてよかった」「いつも人に援助を与えた強き父ここに眠る　本当の強さは　あなたのような謙虚な人なのだと学びましたよ」

読者のあなたは墓標《ぼひょう》に、何と書かれたいですか？　これだけは書かれたくはありませんね。

「いつも不平と文句を言い続け、周囲にうとましがられた人ここに眠る。願わくば二度と起きないでください！」

このような評価は誰もが書かれたくないですよね。

では、どうすれば人生をステキに生きられるのでしょうか？　人生を楽しんでいる人と、イライラしている人の違いは何か？　それは前の章でもふれたように、出来事や生い立ちによるものではありません。その人の「心の視点の問題」です。

人は足りている部分より欠けている部分が気になります

「完成された円」と「欠けた円」のどちらに意識が向きますか？　と僕は講演会などで質問をします。

ほとんどの参加者は、完成された円より、欠けた円が「気になる」と手を挙げます。
「では、円の〝弧〟のところと〝消えている場所〟なら、どこに目が行きますか？」
と質問すると、消えた線、欠けた箇所に目が行くと手を挙げます。

完璧を求める人は「完璧星」の住民です。きっと違う星から来たので、この世界が生きづらいのです。

完璧星の住民は、部下にも、恋人にも、家族にも完璧な円を期待します。だから、欠けた場所に不満や怒り、はたまた悲しみを感じるのです。

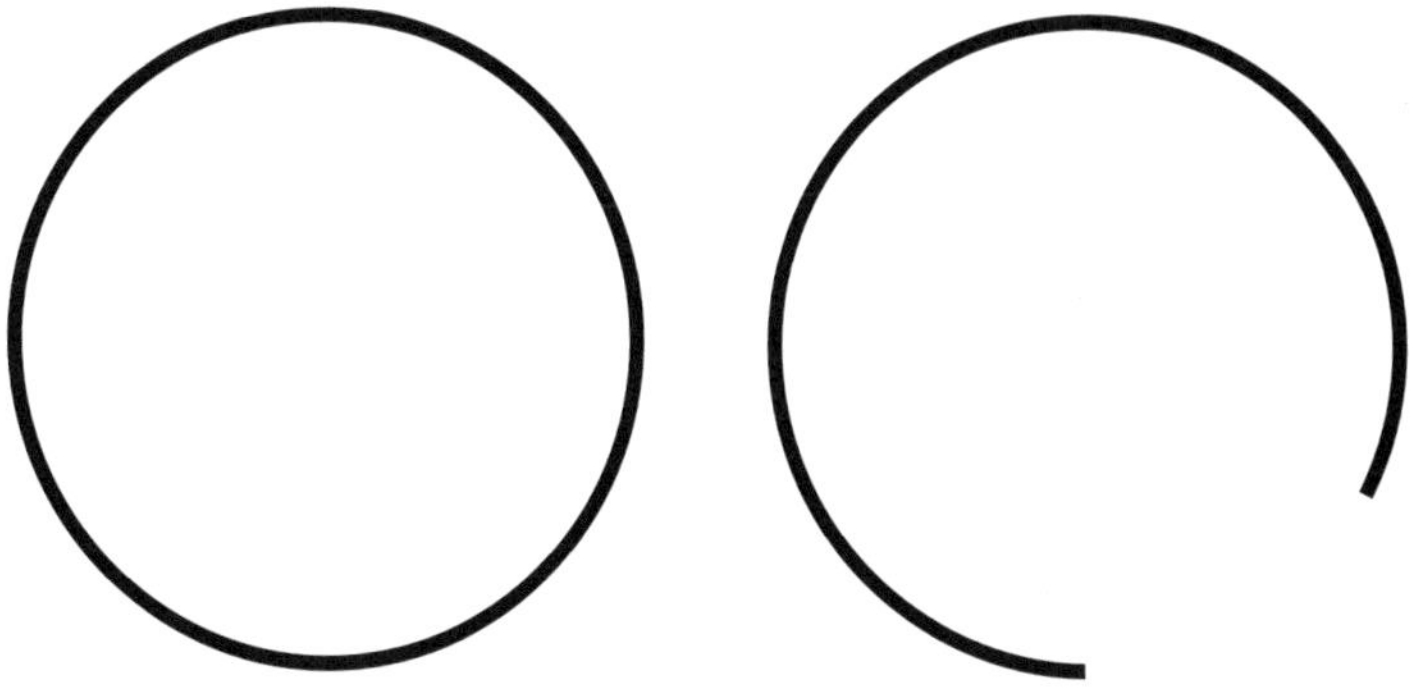

あなたはこの円を見て、最初にどの部分に目が行きますか？

残念ながら、この世は完璧ではないのです。「では、あなたは完璧ですか?」と僕が尋ねると、多くの人は下を向きます。そうです、この地球は不完全なのです。自然界は、たくさんの食べものを与え寛大ですが、突然、自然災害で人々を死に追いやるのです。

インディアンは言います。

「母なる大地が矛盾《むじゅん》しているのに、その子どもである人間が、矛盾なく生きられるわけがないだろう?」と笑います。そう、人は矛盾を受け入れると強くなれると……。

子どもは優しい時もあれば、言うことをきかない時もあります。夫も親身な時もあれば、冷たい時もある。あなたもポジティブな時もあれば、ネガティブな思考が頭から離れない時もありますよね。矛盾をはらんだ地球で人も、矛盾をはらんだ存在だと思えばイライラしなくなります。世界は、晴れの日もあれば、曇りの日もあります。それがイーグルの視点です。ですから人生も春もあれば凍てつく冬もあるのです。

未完成というプロセスを楽しむのです

だから、人生は欠けているプロセスを楽しむことです。**もし、すべての物が手に入ったら、後の人生は退屈《たいくつ》ですよね。**

あるカメラマンは言いました。すべての美しい世界の景色を「このファインダーの中に撮り込みたい！」と思ってカメラを持って撮影の旅に出た。ふと、彼は思った。一生かけてもこの地球上の美しい景色すべてを、カメラに撮り込むことなど不可能だ……と。その時に彼は落ち込むよりも感激していたと言います。

そう、「一生かけても撮り込めない、美しい地球に今、僕は生きていること」に。

僕も人の心を知りたくて、心理学の旅に出た。でも、生涯かけても人の心の深さなんてわからない。その時に僕も、そのカメラマンと同じ心境でした。人生を費やしても理解できない心の世界に、「僕は漕《こ》ぎ出した。最高!!」。

あの人と付き合いたいと思う時が一番幸せで、子どもがいたらなぁと思う時が一番子育てにワクワクするのです。**あれが手に入れればと願っている時が、その物の価値が最大値となり、家も車も手に入ると普通の生活の景色に同化して感動は薄れていきます。**

旅の計画を練っている時は、その旅のイメージは最大値です。旅先に行き着くと、後は帰るだけ。「夢は夢である時が夢の最大値」なのです。だから、それを何度も味わっている私たちが一番幸せなのです。

僕も貧乏学生の時に、バイトで苦労して買ったボロボロの「革のジャンパー」を引っ越しても捨てられない。それは、その時の感動と思い出が「革のジャンパー」には詰まっているから。

ライト兄弟が初めて飛んだ数十メートルの感動の数万倍もの距離を、僕は仕事のために飛行機で移動しています。そこで僕は寝ていたりするのです。だから、**お金の量でもなく、距離でもなく、感動はその思いとプロセスの中にいっぱい詰まっているのです。**

幸せは未来ではなく、今ここにある

「山のあなたの空遠く　幸い住むと人のいう」というブッセの美しい詩を否定する気はありませんが、ただ「幸せ」は、未来の栄光に輝く世界にないような気がします。もし、そこに幸せがあるならKing of Popと評されたマイケル・ジャクソンは死に急ぐほどの睡眠導入剤の注射をしなかったはずだし、女性から愛され、可愛いブランドを立ち上げたケイト・スペードは自殺することもなかったはずです。成功の先には幸せはなかったのかもしれません。

ですから、僕は**幸せは「今ある瞬間」をしっかり味わう能力だと思っています。**

江戸時代に比べ、現代は、食べものは豊富で、旅行も関所を通らずに行けます。日本中を電車で旅することができます。いや、今は世界にだって飛行機で行ける時代です。また遠く離れた友人に携帯電話で話したい時に話ができますし、職業も好きに選べます。また、誰と結婚しても、上様からのおとがめはありません。江戸時代では夢見るような世界で生きています。でも、僕たちは江戸時代の人々よりも、人生を楽しんでいるのかといえば、そうではないようです。

先ほどの革のジャンパーの話ではありませんが、青春の素晴らしさは過ぎ去って感じるものです。子どもが独立した両親は、子どもに手を焼いた日常が懐かしいと感じるようです。定年退職後に、部下の笑顔を懐かしく思い出すかもしれません。だから、**幸せは「あなた」の「今」に落ちています。**

「現代」を英語ではPresent dayと呼びます。そうです、「今日」は神さまからのギフトなのです。そして、今、これを読んでいる、あなたの「今」も神さまがくれたプレゼントなのです。

生きるとは、ただ、何げなく生きるのではなく、感覚をとぎすまして〝活《い》き〟ることであり、五感すべてを活性化させることなのです。感覚を鋭敏に目覚めさせ、そのクリアな気持ちで「今、ここ」にあるすべてを味わい、今ここにある幸せに集中することです。

教師は日常のクラスルームの子どもの笑顔に、看護師は日常の患者さんとの会話の中に、いつも飼い主めがけて走ってくるペットの瞳の中にも、いつか懐かしく振り返る幸せの一瞬の風景が落ちています。その時を心から味わいつくした人だけが、旅立つ時に人生を味わいつくしたといえるのではないでしょうか？

今日が最後だったらと思い誰かと出逢っていますか？

当たり前のように「母さん」と呼べる存在がいた時と「母さん」と呼ぶ人が、この世からいなくなった時の、「母さん」という響きは、なんだかとても寂しいものです。だから、誰かの名前を呼ぶ時には、少しでもその心地よさが感じられたらと思って僕は「今、ここ」を生きています。**人生は、大切な何かを失って初めて、与えられる気づきもあるのです。**禅問答のようになってしまいましたが。

アメリカで「あなたの人生が、あと3日だったら何をする？」――そう感じながら「遺書を書け」というワークがありました。誰も成功した生活とは書きませんでした。「あの人にありがとうと伝える」とか、「お母さんにごめんなさいと言う」とか。「大好きな人に『愛していた！』と告白する」と発表した女性は「だって思いを告げずに死ぬなんてあり得ないから。そして走って逃げるの、『返事はいらないから！』って」と語って、クラスの笑いを誘いました。

そんな感動する課題の発表後に、指導の教授が「一つ皆さんに尋ねていいかなぁ？」と言いました。参加者全員が「もちろん！」と告げました。教授は続けて「皆さんは、3日しかなければそれを伝えるのに、一生という長い時間になると、どうして伝えないのかなぁ？」と言い放って、教室を去って行きました。残されたメンバーは、深く反省させられました。

読者の皆さんも一度考えてください。どうして3日なら、やってみようと思うことを、僕たちは「一生というタイムスケール」になると、多くの人々は、やらないで終わるのでしょう。

幸せはいつもあなたのそばで微笑《ほほえ》んでいる

ある少年が天上人の天使から糸手毬《てまり》をもらった。この糸手毬は人生の時間の糸でできているのです。そして、天使は少年に糸手毬を渡す時に、注意点を伝えました。この糸手毬の糸は、早く引っ張ると早く時間が進むし、糸をゆっくり引くと時間はゆっくりと流れるからね。大切にして糸の時間を噛《か》みしめながら糸を引っぱるんだよ。その少年はうれしくて仕方ありません。いつも親に叱られる子どもなんて面白くないと思っていた少年は、早く大人になりたいと糸をすごいスピードで糸手毬から巻き取りました。すると、ステキな若者になっていました。

しばらくすると自分の愛する人に、早く出逢ってみたいと思って糸を手毬からスルスルと巻き取り始めました。すると愛する女性とすぐに出逢ったのです。でも、彼女とは遠距離恋愛だったので、逢える時間が少ない、逢えない時間を嫌だと糸を巻き取りました。さらに彼女と結婚したいと思って糸を巻き取り、子どもの顔が早く見たいと思って糸を引っ張ると、子どもが誕生しました。

彼の子どもが病気になった時には、彼はそれがつらいから糸を引っ張って苦しみを見ないようにしました。家族の厄介《やっかい》な出来事にも、糸をあわてて巻き取り見ないようにしました。

やがて孫の顔が見たいと思って、彼は糸を引っ張ってみると、子どもは愛する人と結婚していて、可愛い孫が生まれていました。孫が病気になると魔法の糸手毬の糸を引っ張り、気がついたら自分がすごく老いていることに気づきました。気がついたら彼は寿命が尽きて亡くなっていました。

天使から糸手毬をもらってから亡くなるまで、普通の時間にすると4カ月と6日しか生きていませんでした。

現代人の多くは神さまに「明日は、もっと幸せにしてください」と祈ります。

僕は「今、この時を『幸せ』だと思える、感性を与えてください」と祈ることにしています。

インディアンの人々が持つ願いは、「今日と、同じようなステキな日々が、７世代先まで続きますように」と祈ります。インディアンの言うステキな日々には悲しみや喜び、落ち込みや、そこから得られる学びの全てをさしています。喜びだけでは人は学べないと……この地球は大切な心を教えてくれる大きな学校だと彼らは考えているからです。

インディアンは「７世代先（永遠）の子どもたちが今日と同じ大地と青空の下で人生を学ぶこと」を願っています。

長い時間、地球の大地で生きてきた彼らは、泣いたり笑ったりの波乱万丈のデコボコの中に、人生の贈り物がたくさん詰まっていることを知っているのです。

「今日よりも明日の幸せ！」——これは現代人の右肩上がりの呪文です。先進国の多くが、この呪いを信じるようになり、僕たちは「今、ここ」の中にある幸せを楽しめなくなりました。**世界中の人が、この「右肩上がり」の呪文を祈り続けると、やがてすべての国と人が、今の人生を楽しめず、競争し、奪い合い、先細りして、そして人類は崩壊への道を進むことでしょう。**

アメリカ・インディアンが、1万年もの長きにわたりアメリカ大陸の自然を、そのままの姿にとどめてきたのです。日常の変わらない人生の中に、たくさんの幸せがある。そう信じていたからです。彼らの祖父も祖母も、そして先祖もそれを楽しんだのです。

今という瞬間の中にある光や、自然や、笑顔や、涙や、見慣れた景色の中にも「美しさ」があることを味わった者だけが到達した永遠の知恵なのです。

皆さんのデコボコの人生に幸あれ……。

第3章　「恋愛」の章

人は愛さずにはいられないのか？

人は誕生と同時に、母親から分離して、この世界では一人の個体として生きねばなりません。それでも幼い時には家族がいます。さらに成長の段階で両親から同性の友人へと移行します。さらに同性の友人から異性との恋愛に移行します。もちろんＬＧＢＴＱの方も、人を愛する感覚は変わりません。

プラトンは、大昔、人は「男性」と「女性」の要素を持った両性具有の存在であり、個体として完全な存在でした。ある時、この完璧な存在が、私は何も怖いものがないとおごり高ぶってしまいます。それが、神の怒りにふれてしまい「男性」と「女性」の二つの身体に、罰として分けられてしまいました。その時から、完全を求めて見失った片割れ（パートナー）を永遠に探し続けるのだという物語です。

人は恋に落ちると、相手のことしか見えなくなります。「この人こそ出逢うべき人だった」と我を忘れて恋に落ちるのです。英語でエクスタシィ「Ecstacy」を日本語では「忘我《ぼうが》」と訳します。

現実以上にパートナーを美化する状態を指して「あばたもエクボ」といいます。恋はイリュージョン（幻想）で始まり、デスイリュージョン（幻滅《げんめつ》）で終わることもしばしば起こります。

パートナーのエクボ（幻想）が、くぼみ（幻滅）だと知っても、相手が愛おしいと思えるのは恋ではなく、愛だといえるのではないでしょうか?

恋という漢字は字の下に（心）がくるから下心、愛という漢字は真ん中に（心）が入るから真心だといわれます。だから、「私は恋している」よりも、「愛している」ほうが強い感情を表しているようです。確かに恋の情熱は冷めますが、愛は冷めません。

あなたは愛のクセを知っている

カナダの心理学者　J・アラン・リー博士は、恋愛色彩《しきさい》理論で恋愛の傾向を6つのパターンに分けています。

①エロス　情熱的な恋愛

恋愛小説のようなロマンチックな恋に憧れるタイプ。いつか最高のパートナーが現れると信じて疑いません。当然、一目惚《ぼ》れはこのエロスに多いタイプです。恋のためなら人生をすべてかけても後悔しないと熱くなり、周囲に反対されればされるほど燃え上がり周囲も驚く行動に走ります。家出、駆け落ち、計画性のない妊娠《にんしん》など。結婚後に⑤のストルジュに移行するか、②のルダスへと移行します。

②ルダス　遊びの恋愛

いつもドキドキする恋愛を求めるタイプ。いつも恋人がいないと心が枯れてしまうと信じています。一人の人に執着《しゅうちゃく》するよりも多くの恋愛を求めます。浮気症とか恋愛体質とかいわれる人。遊びスポットも熟知していて、楽しむことを大切にするのでコミュニケーション能力には問題はありません。もちろん自分自身の自由を一番に求めるので、③のマニアのように相手を支配することもしません。若くて独身の頃にはこの恋愛も問題になりませんが、結婚してからもこのままだと、浮気、不倫に走ってしまう可能性もあります。

③マニア　嫉妬《しっと》深い恋愛

独占欲が強く、非常に嫉妬深いのがマニアのタイプです。自分以外の異性と相手が話しているだけでも不満になります。相手と連絡がしばらく取れないだけで、食欲がなくなり、眠れなくなり、身体に異常が出ることもしばしば起こります。感情の起伏が激しく、恋愛の初期よりも恋愛の終わりに執着心から、過激《かげき》な行動、陰湿《いんしつ》なストーカーになることもあります。別れてからパートナーからは「二度と会いたくない」と言われることが多い性格特性。

④プラグマ　実利的な恋愛

恋愛は自分のステータスを上げるための手段と考えるタイプ。常にハイスペックな恋人を求めます。権力や地位に対する憧《あこが》れが強く、「その優越性が自分を守ってくれる」と強く信じて疑いません。自分の基準を満たしてくれるかどうかで判断して恋愛するので、①のエロスのように燃え過ぎたり、周《まわ》りが見えなくなることはありません。ただ、パートナーよりステータスの高い相手が別に出てくると恋は冷めることもあります。

⑤ストルジュ　友愛的な恋愛

長い時間をかけて恋愛を育んでいく恋愛。ドキドキするよりも、その人の人間性を好きになるタイプ。

友情や仲間意識にとても近い感情を持った愛なので、激しい嫉妬や不安を感じにくいのです。

ほのぼのとした関係を大切にするので、浮気や離婚率も一番少ない安定した恋愛がストルジュです。

⑥アガペ　献身《けんしん》の恋愛

相手の幸せのために、自分の恋愛がうまくいかなくても身を引いて相手の幸せを祈る無償《むしょう》の愛。自己犠牲的な愛です。相手に見返りを求めないどころか、パートナーが自分を愛してくれないことすら我慢ができます。逆に献身的なために、女性ではダメ男に尽くしてしまったり、他人に心配される相手に身を投じることも多々あります。リー博士はアガペのフリをする人は見かけるが、土壇場でメッキがハガレてしまって現実には非常に少ないタイプと言っています。完璧なアガペはイエス、ブッダ、マザーテレサといった存在でしょうか。

先ほど書いた理屈《りくつ》だと恋は、①のエロス、②のルダス、③のマニア、④のプラグマでしょうか。

エロスタイプは熱しやすく冷めやすく、ルダスは結婚してマンネリ化すると浮気に走る可能性が高く、マニアはどちらかの嫉妬でケンカが絶えないのでパートナーになり、恋人に去られてしまって、精神的に病む可能性があるようです。
④のプラグマの恋は相手ではなく相手の社会的なステータスを欲するので、相手は自分を高める道具にしてしまう可能性が大きく、だから、相手の病気や地位からの失脚にともない恋が冷めてしまうこともあります。
リー博士は、エロスタイプから時間をかけ熟成されストルジュタイプの愛になる場合が多く、ストルジュ移行の一形態がエロスとも言っています。

この理論は、いろいろなタイプが入り交じっているのです。大切なのは占いのように「私はこれだ！」「あの人はこのタイプだ！」と限定することではありません。自分の中にある日々刻々と移りゆく心の傾向を理解して、客観的に外から自分を冷静に眺めるのが「イーグルの目」を持つということです。

自分がないから相手にしがみつく

恋愛は、お互いに安定していないと、相手に過剰に求め過ぎてしまいます。結果、**お互いに苦しくなるのが「一体感の愛」です。**

これは別に恋愛にかぎったことではありません。

親が自分に自信がないと、子どもを代表選手として高い学歴、どこに就職するのか？　誰と結婚するのか？　と子どもに強く一体感を求めて無意識の期待で彼らを圧迫《あっぱく》してしまいます。

そうすると子どもは親の欠けた場所を補う道具になってしまいます。ですから栄養たっぷりの食事を日々親が準備しても、高額の学習塾《じゅく》に通わせ、塾の送り迎えをキッチリしても、親の夢をかなえる代理戦争の選手にさせられているので、子どもは真から愛された気がしないのです。

無条件の愛、たとえば、「あなたが何者であっても、あなたが必要なの！」という気持ちがないと、反抗期に入って子どもは、「僕は親から愛されていなかった！」と、親や社会に怒りを向けるようになるのです。

まるでプラグマ（打算的な）の恋愛のように、子どもを自分の世間体《せけんてい》を上げる代理人にしたり、親の無意識の劣等感から子どもをロボットにすると、いつも親の期待にさらされた子どもは孤独感を拭《ぬぐ》いきれないのです。

どうすれば強い自分を作れるのか？

誰かを支配しない愛情を持ちたければ、自分の人生をしっかりと持ち、人生を自分の力で充実させなければなりません。

その人生の充実は、不安の鎧《よろい》（お金、地位、スペックの高い取り巻き、高級ブランド品）ではありません。自分自身の能力を使い、自分の可能性を広げ、人生をどんな状態でも充実させ楽しむことです。**自分一人で人生を楽しめる人は、自分一人で人生を楽しめている人と出会っても相手を道具にしません。**それが「健全なふれあい」です。

読者の中には、「自分自身の能力がないから困っているのよ」と落ち込む人がいるかもしれません。では、自分自身の能力とは何でしょうか。

僕の主催する心理の教室では「自分のオリジナルの能力を最大限に活かせていますか？」と参加者に聞くと、「そこがわからないのですよ」とうつむく人が多く見受けられます。

「あなたの能力は何？」と問われると、多くの人は、英語力、プログラミング能力、経理能力、営業力、美容の知識、栄養学などと答えます。

資格マニアという人に多く出会いますが、多くは自分に満足をしていない傾向を抱えています。それは多岐にわたる資格取得も不安から身につけようとするからです。「いやいや誰でも将来に不安があるから資格を取得しようとするのは当たり前じゃないですか！」という声が聞こえてきそうです。もちろん、技術や資格は大切なものです。レベルの高いパートナーとお付き合いすることも悪くはないのです。でも周囲からの評価や称賛を求めて生きている人は自分自身の不安はなくせません。

それは外の人の評価に自分の幸せを依存しているからです。

よく「あの人が挨拶《あいさつ》するから、私あの人に挨拶をするの」「あの人挨拶しないから、私挨拶しないの！」と他者の反応に依存している人に出会います。このような人は周囲に振り回されます。そう「あの人挨拶する時もあるし……しない時もあるし……今日は挨拶しようか、しないでいようか？　どうしよう」となるのです。周囲がどうであれ「自分が挨拶したいからする」――これは自分が主体。**自分で幸せのハンドルを握っています。**でも、相手の反応次第で気分が落ち込む人は、いつも幸せのハンドルは自分で握っていないで、相手の反応に影響される人です。「他者が幸せのハンドル」を握っています。だから、周りの人次第で自分の幸・不幸が決まるのです。

「親が毒親だったから不幸だ」も幸せのハンドルは過去の親次第になります。親がどうであっても「あなたは幸せになれる」のです。上司次第、恋人次第では幸せのハンドルは、永遠に自分ではなく周囲次第です。なぜなら、あなたの外の世界は自分の思うようにならないのです。自分の中に力がないと、時には誰かを恨んだり、運の悪さをなげくだけの人生で終わってしまいます。だから、「上司に認めてもらいたいから仕事をする」「恋人に愛されたいからプレゼントする」では恨みが生じます。「自分がしたいから〝する〟」の法則を学びましょう。

これが自分で幸せのハンドルを持つことです。ですから、資格も取りたいから取るのか、取れば誰かに認められるから取るのかでは大違いです。

幸せのハンドルは自分で握る

自分が自分の中で幸せのハンドルを握って楽しめる人は、相手をコントロールしません。相手に無視されようが返礼がなかろうが、挨拶したいから挨拶する。これは自分が主人公です。

人への愛情も、誰かへのサポートも「自分がしたいから」に変化させてみませんか？　するとすごい力がわいてきます。

そうすると周囲に対して、笑顔や優しさが身につきます。だって相手の反応は関係ないのですから。こういう人を世界は愛するのです。

コンビニの外国人の店員さんに笑顔で「ありがとう」であったり、道に迷っている人に声をかけたり、おばあさんに席を譲るであったり、ウエートレスさんにコップに水を入れてもらった瞬間の何げない「ありがとう」のお礼など、ちょっとした気づかいができる人に世界の異性は注目します。

どんなに見た目が美しくても、人は中身を見ています。携帯電話で話しながらコンビニの店員さんの目を見ないで釣り銭を受け取っていたり、道に迷っている人を時間があるのに見て見ぬふりをして通り過ぎたり、電車で高齢者が目の前に立っていても無視して携帯電話に目を落とす人。ウエーターが水を注いでくれているのに当然という顔で足を組みなおす態度は、美しさも色あせます。「そうしていてもステキな人に出逢わない」という人も、出逢うために一生懸命にやる行動は、やはり「したいから〝する〟の法則」から離れてしまっています。

見た目は年齢と共に衰《おとろ》えていきます。でも、その人の内面の美しさは年を重ねるほどに輝きが増してゆくのです。**この「したいから〝する〟」の法則の人は内側に力があるので、笑顔や立ち居振る舞いに一貫性があり、周囲から好感度も高く、誰一人敵を作りません。**

「いつもキレイに化粧をし、エステにも通い、ネイルしているのになぜ出逢いがないの?」と訴える女性がいます。この人も勘違いをしています。外だけを着飾っても男性は、この女性は「お金がかかりそうだな」と思って逆に敬遠してしまいます。もちろん、プラグマ（打算）の恋愛を探している女性なら「そんな財力がない男性は、こちらから願い下げだわ」と思うかもしれませんが、財力を求めると、残念なことに、そのパートナーに財力で支配される人生になります。またレベルの高い人には、友人や知人にもレベルの高い人たちが多くいます。

当然、そのハイレベルの高い人との付き合いを通して競い合い、永遠に上か下かの財力のチキンレース（死ぬまで勝負）を繰り返してしまうことになるのです。

ステキな出逢いは打算の外に……

ある女性が高層ビルの窓から雨が降り出したのを見ていました。ところが営業スタッフがそれを知らないで出かけたのを見て、あわててかけ出しました。下の階でそのスタッフに傘を渡している姿を見た社内でも好感度ナンバーワンの独身男性が、彼女に交際を申し込みました。

遊園地で子どもがソフトクリームを不注意で落としたのを知って、男性がそれを売店で買い、少年に手渡しました。そのことを恋人に伝えなかったので、「トイレから戻ったら、あなたがいないからびっくりしたわ」と彼女に責められ「ごめん、ごめんね」と謝罪しています。まさにその時、通りかかった少年とお母さんがソフトクリームのお礼を彼に告げたことで、彼女は彼がいなくなった理由の真実を知ったのです。「なんですぐに言わなかったの?」と彼女は彼を軽く責めながら、心の中では「この人だと決めた!」と結婚を決意した時の彼女は優しいご主人と幸せな結婚生活を続けています。

見ず知らずのおばあさんの話し相手になって、「孫に会ってくれませんか」としつこくお願いされた心優しい女性もいます。

幸せな出逢いは、何げない優しい心の延長線上にあるのです。

イライラしながら出逢いを探していると本当に大切なことを見逃しがちになります。

別れには人間性が表れる

さて恋愛の始まりは劇的ですが、悲しい別れも突然に訪れます。

第2章の「人生」の章でも書いたように、**終わりの時にその人がどんな人生だったかが明確になるように、恋愛の終わりにも、その人らしさがにじみ出ます。**人間性が問われるからです。

人を傷つけないと別れられない人もいます。別れ方は出会い方よりも大切です。

またある別れ方は、次の出会いにも多大な影響を与えてしまうのです。その時の行動が、その人の雰囲気にまとわりつくからです。

晩年《ばんねん》になり多くの人に愛されている人は、過去の別れの風景が美しい人です。僕の相談者の中には「相手を攻撃するのは、もう会えない状態にしないと決別できないから！」と言う人もいます。会社とケンカしないと辞められない人、「あなたは毒親だった」と親に恨みを伝えないと収まらない人。そうです。今の世界を破壊《はかい》しないと終われない人がいます。


積み木を積み上げた子どもが、それを一挙《いっきょ》に壊して喜んでいる瞬間があります。フロイトはその破壊する瞬間の快楽《かいらく》をタナトス（壊す快楽）と名づけました。

人間関係を壊さないと終われない人は、そのタナトスのエネルギーが強い人です。だから自分の人生もタナトスに支配されて、破壊的な人生観になってしまいます。

人生の中で、大切な時間をかけて作り上げた人間関係を、究極《きゅうきょく》のところで一瞬にして崩壊《ほうかい》させてしまう――それは幼児性の特徴です。このような人は誰かに怒りをぶつける時に、心の中で「なんとかなる！」と幼児的な気持ちに支配されてしまいます。大人らしい理性を吹き飛ばし、怒りのエネルギーを使ってしまうのです。

「人生脚本」という考えを提唱したカナダ出身の精神科医エリック・バーン博士は指摘しています。自己実現とは、自分の個人の幸せだけを目的に生きているのではなく、自分の共同体や世界の幸せのために生きている人のことです。

どれだけ自分の大切な時間を費やして作り上げてきた人間関係なのかを忘れてしまい、幼児的な怒りのパワーで一瞬にして人間関係を崩壊させると、人生の時間を一瞬にして無駄《むだ》にしてしまいます。その破壊的な「人生脚本」を書き換えなければ、さびしい哀《あわ》れな老いの時代を、その人は過ごすことになる……と博士は警告《けいこく》しています。

別れる瞬間に穏《おだ》やかにすべてを締《し》めくくることができずに、相手を傷つけ、復讐することに心が支配されてしまう——このタイプの人は過去を振り返ると、何度も同じような気分を味わっているのです。「バカにされないためには戦うこと！」「怒れば相手は反省する」と、もう一人の幼児的な自分が自分自身を心の叫びで誘惑《ゆうわく》するのです。

それがエリック・バーン博士の愚かな「人生脚本」の恐ろしさです。

自分の内側の声をコントロールしなければ、世界がどんどん狭くなり、会いたくない人、行けない場所が増えてしまいます。やがて世界そのものから逃げたくなり精神の病を発症したり、最悪は自殺したりします。自殺も自分に対しての破壊的な衝動タナトスのエネルギーです。

ですから、**出逢い方よりも、最後の終わり方で、その人の人生観が完成するのです。**なぜなら、どんな出会いも人間関係も「その人の人生の一コマ」だからです。

芸能人の暴露本などには、復讐心と憎悪《ぞうお》にあふれています。もちろん、許せないこともあったのでしょう。でも、愛情の反対は、憎しみではありません。

「愛情」の反対は「忘れる」ことです。

誰かを攻撃《こうげき》し憎み続けるのは、とりも直さず大切な時間が過去に止まっています。相手に心が囚《とら》われているのです。歪《ゆが》んだ愛情の一形態です。ストーカーと同じ心理です。

子どもの頃の出会いはコントロールできませんが、大人になってからの出会いは、

すべては自分で選択し決めています。逃げることも、会わないことも、進まないことも、その瞬間、瞬間に自分で決断ができたのです。自分で選んだ過去の選択を永遠に悪く罵《ののし》るのは、自分の過去の選択を否定していることになります。だから自分がますます嫌いになります。

過去を悪く語る人に、最初は「かわいそうに……」と周りは同情しますが、やがて人が去っていきます。それは、**過去の自分の選択に永遠にケチをつけて、未来がない人なのだと、その人の空虚《くうきょ》さに誰もが気がつくからです。**

オーストリアの精神科医ヴィクトール・エミール・フランクルは言います。「人生とは何かを問うなかれ、人生があなたに問いかけているのだ」と。あなたはその人を憎むのか、許すのか、その瞬間に怒るのか、静かに笑顔で立ち去るのか。その瞬間瞬間の選択の集大成が、あなたの人生そのものになる、と……。

恋から愛へと生まれ変わるには……

この章の最後に、昔、読んだ本の詩にあった、小包のヒモをほどきながら考えた、結ぶ時よりもほどく時のほうが時間がかかるものだということを書きたいと思います。

人間関係の愛も、結んだ情熱の日々よりも、愛が終わりヒモをほぐしにかかる悲しい時間のほうが、辛抱《しんぼう》がいるものです。

出会いの時には「自分たちが、これから関係を結ぶのだ」とは意識に上りません。**別れの時、互いの関係をほどく時に、その結び目が知らないうちに、いかに固く、強く互いに結ばれてきたかに気づいて人は涙するのです。**

出会った時には、ほどく瞬間がやってくるなどとは、お互いに気づかないのに……。

「どうすれば別れの悲しみから逃げられますか?」と相談者に質問されます。僕は少し間を置いて、「悲しみから、逃げないほうがいい」と答えるようにしています。**その悲しみは、愛し合ったであろう人への敬意だと僕は考えています。**すぐには癒えないほうがよいのです。それだけ熱く人を愛せたのだからと思えばよいと……。

大切な人の死であっても、恋愛の別れであっても、関係を自分から解《と》くにしても、相手から解かれるにしても、その結び目の固さに驚き、悲しんであげる時間が必要なのだと僕は思っています。その結び目の固さは一緒に過ごした日々であり、笑い合った瞬間でもあり、自分と相手との大切な時間が、結び目にしっかりと織り込まれているからです。

悲しみも、喜びも、大切な自分の人生だからです。

自分の人生を後悔する人は、後悔する出来事に責任があるのではなく、自分の過去の思い出を、簡単に「意味がない」と白黒に分けてしまう心の癖にポイントがあるのです。それこそ「愛したいから〝愛した〟」の法則から離れます。自分で幸せのハンドルを持とうとしないから恨みになるのです。

恋愛の最後には、投げやりになり、その結び目を力で断ち切る人もいるでしょう。そして引きちぎった結び目をゴミ箱に後ろ手で捨てて見向きもしない人もいるのでしょう。でも、時間をかけて、その結び目に感謝しながら大切にほぐしていく人もいます。

やがてそれが、その人の生き方のたたずまいになります。

結ぶ時には、恋人同士は互いに優しく結びます。**結び目をほどく時にこそ、その人の真なる美しさが垣間見えるものです。**

子どものような恋が終わり、真なる愛が目を醒《さ》まします。

第4章　「仕事」の章

仕事を幸せに感じる方法

生きる喜びとは何か？　第2章の「人生」の章でもふれましたが、それは誰かに「この世界に、あなたがいてくれてよかった」と言われることです。あなたの存在が、誰かの喜びになることです。

そう考えると**「誰かの」ために〝仕え〟「誰かの」お役に立つ〝事〟の「仕事」は、本来は喜びなのです。**

美容師さんは、他人を美しくすることで喜ばれています。医者は、他人の病を治すことで本人や家族から感謝されています。保険のセールスは、他人の「もしもの時」に備えて商品を説明しています。学校の先生は、子どもの未来のために生きています。ですから、先生は子どもから愛されるのです。お金のため、周囲に認められるために仕事をしている人は疲れやすくなります。誰かに仕えて喜びを与えるから、他人からも感謝されます。

誰かが誰かに感謝をうまく伝えられない。その感謝の代わりの証しとして「お金」を渡すのです。ですから**お金そのものには価値はなく、誰かの幸せの形を変えたものがお金なのです。**だから代わりの価値と書いて「代価」と呼びます。ですから代価以上に楽してお金をもらうと、お金がその人を蝕《むしば》んでいきます。

誰かの幸せや心地よさのために行うからこそ仕事は本来は楽しいはずです。なぜなら**誰かに喜んでもらえることは「あなたが生まれてくれてよかった」とのお墨付きをもらえるからです。**

でも「お金」が人生の中心になって、自分が脇役になれば本末転倒です。お金をためるためだけに人生を過ごしていると、大切な仲間との時間も、家族の大切な豊かな時間も「お金」と日々交換しなければならなくなり人生が楽しくなくなります。

現在、日本は心が疲弊し経済も下り坂です。世界の中で存在感を失いつつありま す。それは、日本の本来の仕事の喜びを失いつつあるからです。

仕事で英雄になった人たち

経営の神さまといわれた松下幸之助《まつしたこうのすけ》さんが、工場で電球を磨《みが》いている社員の所に来て語ったそうです。「ええ仕事やなぁ」と。ただお金のために働いていた社員たちは「ただただ電球を磨くことが、何がええ仕事や」と下を向いていました。すると幸之助さんは、こう言ったのです。

「あんた、この電球どこで光るか知ってるか？　子どもらが部屋の中で絵本読んでる。夕方になって外が暗うなると、部屋の中はもっと暗うなるわな。そしたら暗い中で絵本は閉じなあかん。絵本の冒険《ぼうけん》の旅はそこまでや。でも、あんたが、今、磨いている、その電球1個あってみぃ、子どもたちの冒険の旅は続行や。ワシらは電球磨いているんやないんやで、子どもたちの夢を磨いてる。ワシはいつも思うんや、暗い路地裏《ろじうら》、安心して歩かれへん道に、この電球1個で、安心して人々が歩けるようになる」「聞こえてくるやろ？『この道、安心して通れるようになったなぁ。ありがたいわ』。この電球1個1個に、人の幸せが隠れてるんや。その幸せをワシらは毎日磨いてる。ええ仕事やと思わんか?」。すると工員たちも「ええ仕事や！」と思ったそうです。そして、せっせと幸せの電球を磨くことに励《はげ》んだそうです。

日本の高度経済成長を支えたのは、お金ではありませんでした。誰もが人の幸せのために努力したのです。

「この黒部の山にダムを造って、電気の供給を支えよう！　日本はこれから工業社会として世界に羽ばたく。工場のラインが電気不足で止まってはいけない。そして電気不足や停電になって、日本を支える未来の子どもたちが夜に勉強ができないなんてあってはならない！　電気の供給は電気マンの命だ！」

当時、黒部峡谷《きょうこく》にダムを造るなんて無理だと誰もが思っていた時代です。「こんな山の中にどうやって掘削重機を上げるのですか？　無理です！　不可能です！」。でも、当時の日本が誇る土木関係者は、「私たちがやります。重機は我々が山の裏から上げましょう！　未来の日本のためですから！　危険は覚悟の上です」と不可能を可能にしていた時代でした。

富士山頂の観測所《かんそく》も、その一つです。

日本はかならず台風が通過する。離散してバラバラになる家族が出てくる。だから日本の最高峰の富士山に観測所を造って、台風の情報を事前に流そう。しかし、「無理です！　富士の山頂の天候の移り変わりをご存じですか？　どうやって、資材を頂上に上げるのですか？　危険です」。でも、当時の日本人は心が燃えていた。「わずかだが、少し安定した時間帯がある。その時間帯にヘリコプターで上げてしまおう！」

「そんな危険な仕事はどこも引き受けないですよ」と誰もが思っていた。でも当時の日本は「どこの航空会社も断ったのですか？　私たちがやりましょう！」という人々がいたのです。

そのように誰かが目立たない、日本のために奔走していた時代でした。日本の「誰かのために」仕えることが何よりも大切という美意識が、戦後の焼け野原の日本を世界GDP2位まで昇らせました。

その「復興の奇跡」と言わしめた原動力は「誰かのために」です。現代の働き方改革は、この誰かの喜びを作るという本来の仕事（Work）の観点に立っていません。労働（Labor）という考えで働き方改革を進めています。政治にも心理を活かすことが必要なようです。

いつの間にか日本は「勝ち組！」「楽して儲《もう》ける！」「自分さえ幸せであればいい！」の国になってしまいました。それがうつ病患者を生み出し、子どもたちからヒーローを失わせ、未来に夢を持てないさめた時代になっていったのです。

労働(Labor)と、仕事(Work)の違いを知っていますか

労働（Labor）は時間から時間の、なぜか苦しくて喜びを感じないツライだけの時間です。でも、仕事は「これが私のライフワーク！」というように時間を忘れて没頭してしまうもの。これが仕事（Work）です。

労働と仕事の違いは職種ではありません。**あなたの心が「労働」にするか「仕事」にするかを決めるのです。**そうです、あなたの仕事に対する心構えが決めるのです。「私は主婦ですから大したことはやっていません」という女性に出会います。もちろん謙遜の意味もあるのでしょうが、主婦の日常も「労働」にするか「仕事」にするかでも違ってきます。深いため息をつきながら掃除、洗濯、料理をする人もいれば、「主婦は家族を喜ばせるステキな仕事だ」と思って掃除や料理の研究をして「技」まで高めている人もいます。

もともと、仕事の「仕える」は英語で(Serve)です。サーブの語源は召使い(Servant)から来ています。テニスで、相手に打ちやすい球を返すように打つサービス(Service)も同じ言葉の仲間です。相手が打ちやすい球を返してあげる。それが仕事なのです。

お互いに誰かに打ちやすい球を返す。助け合っている組織では精神疾患になる人は少ないのです。上司が部下の、部下が上司の失敗をカバーするのもそうです。ご主人が奥さまのフォローをするのも有能な仕事です。まずは相手の側に立って相手のフォローにまわる。フォローするには、サービス精神がないといけません。では、どうすればフォローできるのでしょうか？

①聴く能力
②伝える能力
③仲間との調整能力

この3点が挙げられます。

まずは一つ目の聴く能力です。**誰かから相談された人は、何かしら「解決をしてやろう」と気負うものです。**それが失敗の一番の原因です。

相談には二通りあります。あなたが情報や仕事のやり方を持っていて、相手がそれを必要とする場合。たとえば、「この件は、得意先に至急に連絡したほうがよいですか？」「今回の会議は部署のリーダーが全員参加ということでよいですか？」――これは明らかに相談者が必要な情報を質問してきている場合です。これには明確に答える必要があります。

もう一つは「最近、自分に自信が持てなくて」「この仕事はA君のほうが自分がするより向いている気がして」「こんな残業続きだと、スタッフの健康管理が心配で……」と、相手の中に「入り組んだ感情があるようだなぁ」と感じる場合には、あなたはアドバイスするよりも聴く技術がフォローになります。失敗する上司はすぐに「解決してやろう！」「正しい方向に持って行こう！」——これがフォローだと思っています。

自分のことを最後まで聴いてくれた人のアドバイスなら、相談者は受け取る可能性もあります。すぐに「こう考えてごらんよ」と背景に隠れる人間関係も聴くこともなく、すぐに自分のアドバイスを語り出す人は、どんなアドバイスも相手は受け取ってはくれません。

大切なことはこちらの意見をいったんストップし、相手の話をしっかりと聴いて心の奥にある内容に集中すべきです。

自分に正しいアドバイスがあると思っている人はすぐに語り出します。「正しい」

という漢字は「止」まるに「一」と書きます。自分が正しいと思っている人ほど、一度、止まって聴いてみてください。

カウンセラーやプロの相談者は、相手のことを深く知るために《アクティブ・リスニング》を使います。

ポイントは三つ、①繰り返す　②まとめる　③心をくむです。

事例1「最近、自分に自信を持てなくて」
「大丈夫だよ。結果が出れば自信も出てくるさ」＝アドバイス
「自分に自信が持てないことがあるようだね」＝アクティブ・リスニング

事例2「この仕事はA君のほうが自分よりも向いている気がして」
「そんな弱気なことを言うなんて、君ならできるよ」＝アドバイス
「この仕事はA君のほうが、適任のように感じたようだね」＝アクティブ・リスニ

ング

事例3「こんな残業続きだと、スタッフの健康管理が心配で……」

「この人員が少ない時に、そこを指導するのが君の仕事じゃないか」＝アドバイス

「残業続きで、スタッフの健康がリーダーとして気になるんだね」＝アクティブ・リスニング

アクティブ・リスニングで聴いてもらうと相手も話しやすくなります。そうすると心の複雑な感情が出しやすくなるのです。

「残業続きで、スタッフの健康が気になるんだね」

「はい、自分は部下が頑張っているのをそばで見ているので、部下の大変さもわかるもので……」

「部下のハードな日々を知っている君としては、これ以上部下の仕事を増やしたくない気持ちがあるんだ」

「でも、年度末の決算期ですから、仕事をキッチリとこなしたい気持ちもあるので」

「会社の繁忙期を考えると、リーダーとしては、仕事は完結させたいとも思ってくれているんだね」

「はい、それが終わると心から休めますから。そうすれば達成感も味わえるわけで」

「目標を達成して充実した気分で、長期休みに入りたいとも思っている」

「はい、そう思っているんで、スタッフにも『気持ちよく達成感を持って休もう』と、明日伝えてみます」

「彼らと一緒に『達成感を感じて休みに入ろう！』と声をかけてくれるんだね」

「はい、達成感を味わいたいから、それはスタッフもわかってくれると思います」

「スタッフを思っている君のことだから、きっとスタッフに伝わりそうだね。そうしてくれると助かるよ。君が現場にいてくれて本当によかった！　どうもありがとう」

「いえ、こちらこそいつも聴いて相談に乗ってもらっているんで助かります」

「君の力になりたいから、いつでも遠慮なく相談してくれるとうれしいよ」

「こちらこそ、あなたが上司でよかったです」

「僕こそ、ありがとう」

どうでしょうか？　**答えを出したのは相談者です。**聴き手の上司は、ただただ相手の話にアクティブ・リスニングでフィードバックしただけです。反対に「スタッフを説得するのが、君の仕事じゃないか！」とか「繁忙期だろ。今だけだよ」とリーダーが自分の考えを押しつけると、相談者は聞いてもらえないフラストレーションで前向きになれません。やがて上司に対して恨みの感情を持ってしまい精神疾患で病んだり、スタッフと一緒に反乱を起こしたり、退職といったことも考えられます。何よりも、もう二度と相談には来ないでしょう。

やってはいけないパターンを勉強会では指導していますが、ついつい元気づけようとしたり、聴き手が解決しようとします。

たとえば話をさえぎって「これってこういうことだろう」と言ってみたり、「それは君が逃げているだけじゃないか」と解釈してみたり、「それはどう聞いても、君がおかしいよ」と否定してみたり、「普通なら、こう考えると思うよ。ちょっとそれは間違っているよ」と相談者の間違いを指摘してみたり「考え過ぎ、考え過ぎ、もっとポジティブに考えて」と助言してみたり、「あ、それってこういうことだよね」と自分の経験で決めつけたり「どうして？　なぜそんなこと思ったの？　何があったの？」と矢継ぎ早の質問したり、「わかる、わかる、僕の場合もさぁ……」とすぐに自分の話を始めて、聴き手と話し手が入れ替わるようになります。

聴くことは、相手にボールをしっかりとサーブする技術です。そうすることによって、相手が自分で言ったことが返ってくるので自分と向き合うことになるのです。ですから、好かれる人は説得する人ではなく聴く人です。

愛される人は、話す人ではなく、聴く人です

これはお客様からのクレーム対応にも使えます。「そちらの商品を購入したのに商品が動かないじゃないか!!」――この会話の中には、商品を買われたお客様のガッ

カリ感と、「なぜ？ すぐに使えないの？」というストレスが隠れています。

これも相手の心をくみ取り、スムーズに返すアクティブ・リスニングが効果を発揮します。

「せっかく信頼して、私どもの商品を購入していただいたのに、思うように起動しなくてガッカリさせてしまいました。すぐにお客様にご負担をかけないよう、一番納得できる形でご手配させていただきます。ご連絡ありがとうございました」と返せばお客様も不安がなくなります。お客様も悔しさをわかってもらったので「一番よい形でしてもらえればいいのよ」と、怒りのエネルギーが収まります。

でも電話を受けた人が「取り扱い説明書をよく見ていただきましたか？」とか「電源をコンセントに差していただきましたかねぇ？」「過去そんなクレームは一件もなかったんですけどね……」などとお客様をトラブルの多いクレーマーのように決めつけて話したりすると、お客様は「クレーム!! 失礼ね！ もうオタクの商品は二度と買わないわ！」となり大切な自社のファンを失います。**苦情を言ってくれる人は期待したのに、ガッカリしたので苦情を言ってきてくれたのです。**それは裏返せば商品に期待してくれた大ファン予備軍でもあるのですから。

怒りの裏にはかならず相手に対する期待が隠れています。期待していなければ呆れて連絡もしないで離れるだけです。ですから、怒りが強いぶんだけ期待していた気持ちも強いのです。苦情の対処しだいではさらに大ファンにも変わってくれます。

上司に叱られる時も同じです。いつも怒られやすいなら「アクティブ・リスニング」を試してください。

「君はこういう点がなってない」と叱られたら、うつむかないで目を見て「私のこういう点が悪かったのですね」と要点をフィードバックをすれば、3分くらい説教する上司も30秒で終わります。試してみてください。目を見ている人には叱りにくいからです。さらによいのはアクティブ・リスニングで返す。上司が叱っている裏には必ず「こうしたらよかったのに」という期待があったのですから「私はこうすればよかったのですね。以後やってみます」と反省を表明すれば、部下に注意を促したいという目的は達成します。でも、うつむいたり、「私はですね」「言われたとおりしただけで」と言い訳をしたりすると、上司は「コイツはわかっていないな」と、よりしつこく叱ってくることになります。**上司の言っていることが、正しいか間違っているかは問題ではなくて、上司は今「それを理解させたい」と思っているのだから、相手の意見を「これ以後は、このようにすればいいのですね。ご指導ありがとうございました」とアクティブ・リスニングにすれば逆に「素直なやつだ」と好かれるし、早く説教は終わります。**たとえ〝あなたが間違っていない〟のに叱られたとしても、後で上司がそこに気づけば「しまった！」と後悔することになります。また、その時に「なぜ言い訳をしなかった」と言われたら「上司をガッカリさせたのは事実ですから、今後のために、それを生かそうと思いました！」と言えば、いちいち言い訳しなかったあなたの株は、急上昇です。

目を見ろといっても、叱っている人に「何言っているの？　この人……」と無関心な視線だったり、叱っている時に睨《にら》みつけたりすれば、それは逆効果になります。よけいに「バカにしているのか！」と上司は怒りを強めます。だから「深く反省したような視線」で相手の目を見ることがポイントです。これには練習が必要です。それでもしつこく説教するなら、その上司はサディスティックな説教マニアです。将来こんな上司にならないように行動パターンを間違ったモデルとして勉強すればよいのです。

モテない人も話を聴かない人です。冬に女性たちが楽しそうに「沖縄行ったの」と言った時に「そう、沖縄行ったの！　楽しかったようだね」と返さないで「でも、この時期は北海道じゃないかなぁ。雪まつりがあるし」と相手の会話のボールをキャッチしないで、正しさの変化球を投げてしまいます。これでは優しいサーブにはなりません。だから女性から嫌われてしまう。

正しいから、会話が成り立つんじゃないです。キャッチボールです。話し手や相談者の間違いや、勘違いを指摘してドッジボールにならないように心がけましょう。

思いの伝えかたにはコツがあります

上手な「叱られかた」のコツを伝えましたが、「叱りかた」にもコツがあります。でも、実際部下が失敗した時に「何をやっているのだ！」と怒りがわいてきます。でも、実際に怒りやイラダチの前には「きっと、やってくれるだろう！」という、こちら側の期待が隠れています。これを第一感情と呼んでいます。ですから、相手に感じる怒りや不愉快さは第二番目の感情なのです。第一感情は「こうしてくれると思っていた」「普通はこうじゃないの？」の自分の普通が隠れています。

また、親子、恋人、夫婦などの身近な人に対しては、生活が長くなると期待どおりに動いてくれて当たり前と「わかってくれているはず」と期待値が高くなります。だから、新入社員が失敗しても新人には期待値が少ない分だけガッカリする量が少ないので、怒りもセーブしやすいのです。

初めてのデートで恋人が遅れてきても「大丈夫だよ」と言えても、二人の関係が長くなると「なんで待たせるの！」と怒りがわきやすくなるのです。

身近にいる人ほど期待値が高い分だけ、「私の気持ちをわかってよ」と思ってしまいます。これを「母子一体感」と呼んでいます。幼児期は母親が、自分の思いをくみ取ってくれて当たり前と思っている時期があるからです。これは大人になっても消しにくく、身近であればあるほど、「こちらの思ったように、やってくれて当たり前」と感じてしまいます。これは子どもの「甘えの感情」です。

部下が会議の準備ができていなくて、そのことにあなたがイラだった場合に「なぜ、会議の資料の準備が間に合わないんだ。やる気があるのか！」。意識が低い部下への怒りがわいてきます。すると部下は叱られたと防衛的になり「A君に任せていたものですから」と仲間のせいにしたり、自分はダメだと必要以上に落ち込んで自信をなくしていくのです。

「なぜ、会議の準備ができていないんだ。何をやっているんだ！」の前にあったの

は相手に対する期待です。「君ならば会議の準備は大丈夫だと思っていたんだよ」「君だから間違いがないと思っていたからビックリしたんだ」。このような伝え方は相手を攻撃する伝え方ではなく、こちらの驚きやショックを伝えているのでアイ（I）メッセージと呼びます。でも「何をやっているんだ」は、「お前が悪い」になると、相手への攻撃的な言葉が伝わります。これはユー（you）メッセージと呼ばれ、お互いに後味の悪さが残ります。

人はユー（you）で責められると、叱られたショックが大きく反発が強くなります。でも、**アイ（I）メッセージだと、相手へのこちらの思いや期待が伝わって誰かをガッカリさせたと反省させやすくなるのです。**

相手がただ悪いのではなくて、自分の期待を探り「驚いたんだ」とか「残念だった」と言ってみる。そして、将来に不安なら「君に依頼したらまた、こういう事態が起こるのではないかと不安になってしまって」と将来への心配や不安を伝えればよいのです。Help me（救助）のIメッセージになります。

①君の電話の受け答えはなっていない。（you メッセージ）
今の説明では、お客様が理解できない気がしてね。（救助のIメッセージ）
②君の担当だから、最後まで責任を持てよ！（you メッセージ）
お客様の情報は君が一番知っているから、君以外に適任者が思いつかないんだ。

（救助のIメッセージ）
③期日までに仕上げてくれよ！　だらしないなぁ！（you メッセージ）
今回の会議では、君のデータなしでは進められないから弱ったよ。

（救助のIメッセージ）
④会議に遅れるなよ！（you メッセージ）
チームの現状を君から報告してもらいたかったから残念だったよ。

（救助のIメッセージ）

怒りやイラだちの「you メッセージ」を伝えるより、その前にあったこちらの動揺や、期待を語る「救助のIメッセージ」は、どちらのほうが受け入れやすいですか。感情をぶつけられると人は責められたと思って防衛的な気分になり、反省しなくなります。

失敗を叱るより、失敗をさせないリーダーに

でも、最高な援助（Servant）は「救助のIメッセージ」よりも、相手が失敗する前に予防をしておいてあげることが大切です。

これを予防のIメッセージといいます。事前に「このことに気をつけてほしい」と思いを伝えることです。ある優秀なリーダーは赴任した段階で「皆さんにお伝えしたいことがあるのでメモを！」と言いました。「一つは、お客様への電話対応です。電話は会社のイメージに関わる最初なので、私は親切と丁寧な対応を大切にしています。ですから、電話での対応は気をつかっていただくことを皆さんにもお願いします」と次々と思いを伝えました。これは部下をあえて失敗させたくないための予防がうまい上司です。赴任してきた時に「よろしくお願いします」とだけ伝え

て、仕事がスタートすると「今の電話の対応はなんだね！」と怒るのは予防が下手なのです。

①今の説明では、お客様が納得できないんじゃないかと心配になったよ。
（救助のIメッセージ）

お客様への電話での対応は、会社のイメージにつながるから親切丁寧に受け応えをしてほしい。（予防のIメッセージ）
②お客様の情報は君が一番知っているから、君以外に適任者が思いつかないんだ。
（救助のIメッセージ）

お客様は最初に関わった人を信頼しているから、最後まで担当者がフォローをしてほしい。（予防のIイメージ）
③今回の会議では、君のデータの集計なしでは進められないから弱ったよ。
（救助のIメッセージ）

今度の会議では、君のデータが一番重要なんだ。任せきりにしているけど、そ

れが一番の気がかりでね。（予防のIメッセージ）

④チームの現状を会議で報告してもらえると思っていたから残念だったよ。（救助のIメッセージ）

次回の会議では君の現場での意見を反映させたい。だから会議には君が必要なんだ。（予防のIメッセージ）

予防のIメッセージは、救助のIメッセージよりも失敗の行動の前に予防するIメッセージなので、伝える側も言われる側もストレスを感じにくいのです。事前の予防だと、相手も「責められた」「やってしまった！」と自己防衛的にならなくてすみます。

最高の伝えかたは仕上げが大切です

そして、何よりも大切なことは、どんな作業でも仕上げが重要です。コミュニケーションも仕上げは**こちらの要望や期待どおりの行動を相手がしてくれた時に、仕事だから当然だと思わないで、「感謝のＩメッセージ」で伝えることです。**

①君の電話の対応を横で聞いていて、お客様に喜んでいただいたと確信が持てたよ。ありがとう。（感謝のＩメッセージ）

②君が最後までお客様のフォローをしてくれたので、君に任せてよかったと安心したよ。（感謝のＩイメージ）

③パーフェクトな会議だったね。君のお陰だよ。ご苦労だったね。

（感謝のＩイメージ）

④君の現場での現状を他のメンバーに伝えられてよかった、最初から会議に参加してくれて助かった。ありがとう。（感謝のＩメッセージ）

人はいつも感謝してくれるリーダーの望むことはかなえてあげたいと思うからです。それはどんな人間関係でも同じです。妻から夫にも「あなたがお話を聴いてくれたから話ができてうれしかったわ」、母から子どもへ「いつもお前がおいしく食べてくれるから作りがいがあるの」、娘から母へ「ブラウスのアイロン、ありがとう」、夫から妻へ「君が子どもと向き合ってくれているお陰で、僕は仕事に集中ができる。君には感謝しているんだ」。これが人間関係の接着剤です。あなたの周囲の人々は理想どおりに動いてくれるロボットではありません。個性を持った人間です。だから、感謝する必要があるのです。これは身近な人に対して「礼儀」という「離別感」を持つことです。だから、相手は自分の一部ではない、別の一つの人格を持った存在。「親しき仲にも礼儀あり」は、親しき仲にも離別感を持つということなのです。

この感謝のIメッセージは部下から上司にも使うのもよいです。いつも指示を与えてくれないリーダーがいたなら、その人が指示を少しでも与えてくれたら、それが完璧でなくても、その感謝を部下からオーバーにリーダーに伝えてみてください。「今日、朝にご指示していただいたおかげで、仕事がスピーディーに解決しました。本当にありがとうございました。助かりました」(感謝のIメッセージ)と言ってみてください。

話を聞いてくれないと夫婦問題で悩むなら、ご主人が少しでも聞いてくれたら、子どもが勉強しないというなら、学校から無事に何ごともなく帰ってきたことに感謝を伝えてみてください。普通の幸せ・感動を感謝のIメッセージで表現してみましょう。

ただ感謝したら行動を変えてくれるはずと隠れた下心があれば逆効果になってしまいます。だから、Iメッセージなのです。自分が伝えたいから伝えた、自分が感動したから感謝した、が大切です。こういう言い方をしたら、きっと相手が行動を変えてくれるはず、変わってくれて当たり前だと感じる思いは、自分の期待どおりを相手に求めているのですから「形はIメッセージ」でも「心がyou メッセージ」になっているのです。自分が伝えたいから伝えた。それが人生の主人公で、人と私は違うという離別観です。自分の視点を変えると人生は楽しくなっていきます。

伝えたら聴くことに戻る使い分け

Iメッセージを使うと、相手は言い訳や自分の立場を語りやすくなります。その時には、相手の話を次にアクティブ・リスニングでシッカリと受け入れて聴くことが大切です。

「君のこの書類が会議までに必要だったから、間に合わなかったのは残念だった」（救助のIメッセージ）と伝えると、相手は自分のやらかしたことで自分自身の評価が下がると思い、「書類を会議に間に合わせようとは考えていました。でも、フロアのコピー機が故障していて間に合わなかったんです」と言い訳してくる場合もあるかもしれません。

その時には、部下の言い分を最後まで聞いてあげましょう。どんなに口をはさみたくなってもです。

「君も会議までに間に合わせるつもりだったのに、コピー機の故障のために間に合わせることができなかったんだね」（アクティブ・リスニング）。そうやって上司に責められ過ぎない安心感から、自分の言い訳に気づいて、部下が「コピー機は、どの階にもあったから、そこに行ってコピーすればよかったんです」とか、「データが集まらなかったら僕が回収に行けばよかったんです」と自分で問題点を見つけられるかもしれません。

その時に上司が「では、今度はこういう事態の時には、他のフロアに行って間に合わせるように最大限の努力をしようと思ってくれたんだね」、または「今回のことで締め切り日を待つのではなくて、自分でアプローチをしようと考えたんだね」と聴いてあげると、

部下「はい、それは間違いなく」

上司「それは助かるね。では次回からも、よろしくお願いするね」と部下の人間的な成長を待つことです。最後まで相手の非を追いつめないことです。間違っても「くだらない言い訳はやめたまえ。コピー機は、他の階にもあるだろう！」と責めたてたり、「コピー機が会社には１台だけと知らなかったとは驚きだね！」と嫌み

な対応したり「だから君は意識が低いのだよ！」と叱責しないことです。

「伝えたら」「聴く」――これがコミュニケーションの基本です。

それでも対立した時には調整が必要です

アメリカでホームステイをした時に、こんな解決策もあったのだと思ったことがありました。

僕のホームステイ先には2人のお嬢《じょう》さんがいました。ある時、ホストファミリーの夫婦が結婚記念日が近かったので、ミュージカルのチケットを2枚手に入れました。そして、ご夫婦は思ったのです。長女に妹の面倒とお留守番《るすばん》をお願いしよう。でも、その日、長女は友人の家に遊びに行くことが以前から決まっていました。

ここで、当てが完全に外れました。お父さんは救助のIメッセージで「このチケットはムリを言って、友人から譲ってもらったんだ。ムダにするのは友人にも申し訳ないし、結婚記念日をママと楽しみにしていたんだよ」。すると長女は「前々から友人の家で勉強しようって決まっていたから私のほうが約束は先なのよ」。お父さんは否定しないでアクティブ・リスニングで「友人との約束は守りたいと思っているんだよね」としっかりと聞きました。

では、解決策を一緒に探そうとお父さんがノートを持ってきたのです! さぁ、いつものようにブレーンストーミング始めるよ。僕はあっ気にとられ「いつも!?」。さぁ、お父さんがブレーンストーミングのルールを説明するよと、ゲストの僕に説明もふくめて語ってくれました。思いつくまたくさんのアイディアを出す。いかなる質問も批判も禁止だよ。ユニークなアイディア大歓迎だからね。他人のアイディアに似たような意見があっても、それを広げてもOKだよ!

タイトルは「同じ日に両親の夢と娘の夢をかなえる方法について」。始まった会議は批判されない楽しい会議で、皆がお互いに目的に向かって話し合いました。

出てきたアイディアは、覚えている範囲ですが、①近所のお姉さんに留守番を頼

む　②ノブ（僕）が留守番　③妹を友人の家に連れていく　④他の日に全員でミュージカルに行く　⑤友だちに来てもらう　⑥ネットでチケットをオークションに出す　⑦オークションのお金で違う日に食事する　⑧おばあちゃんに来てもらう　⑨他のことで結婚記念日の思い出を作る　⑩私たちがミュージカルをしてあげる　⑪ネットで後で鑑賞する。

驚いたのは、幼いながら妹もアイディアを出していたことです。そして、その後、家族でみんなの立場になって考えて、近所のお姉さんのアルバイト料がわからない、ノブは学校がある、おばあちゃんの身体のほうが心配、夫婦の結婚記念日だからね、リアルなショーじゃないとね、など、話し合いで残せるものだけ残していったのです。いくつかのアイディアが最後に残りました。そして、決まったのは、⑤の長女の友だちに来てもらう　⑨他のことで結婚記念日の思い出を作るでした。

その結果は「夫婦はミュージカルの日に友人に家に来てもらい、夫婦は友人が来やすくなるように夫婦で料理を作る」でした。

一番、感動したのはこの結論が決まった時に、妹のメアリーが言ったことです。

「私、お姉ちゃんの友だちの邪魔をしないからね！」

これが、皆が勝利者になる「Win-Win 解決法」です。

もし、親が強引に結論を出していたら、同じ結論でもこのプロセスの話し合いに参加していなかった妹は、当日大騒ぎして、姉と友人たちの集まりは悲しい結果になったでしょう。**全員が参加することで、自分たちの結論は自分たちで決めたのだから最後まで Win-Win になるまで協力しようと、対立していた者同士が協力者に変わってくれるのです。**

日本の組織で行われる会議はどうですか。アイディアを出しても「以前にやった！」「予算がかかるじゃないか！」「誰がするんだ！」「現場がわからない人の意見だ！」と批判のオンパレードです。やがて誰も発言しなくなり、時間だけを気にして、「それでは今日はこの方向で進めたいと思います」「挙手で賛同を！」「パチパチ！」。そして、会議室を出たメンバーは「あれ可能？」「あんなのムリだよ！」と、冷めてしまっているのが日本の会議です。

会議は結論にこだわっていると仲間との時間を楽しめない

僕は昔、心理カウンセラーとして、一番、売り上げの上がらないガソリンスタンドを地域一番店にしたことがあります。当時のガソリンスタンドはフルサービス（店員がガソリンを入れる）からセルフサービス（運転者がガソリンを入れる）への移行期で、スタッフの人件費が悩みのタネでした。

その人件費を回収するには、ボンネットの中にあるオイル交換、オイルエレメント交換や水抜きなどのガソリンよりも利益率が高い商品を売ることが必須でした。そのために多くのフルサービスのガソリンスタンドは「無料の定期点検」と称して、ボンネットを開けてもらうことが、それらの利益率の高い商品を紹介するためには絶対に不可欠でした。

でも、赴任してきたばかりの僕は、アルバイトの若いメンバーに、その重要性を説明してもうまく理解してもらえません。「面倒だ！」「俺たちバイトはガソリンを入れるのが仕事だから！」「社員じゃないし！」と、こんな感じです。

だから、ボンネットを開けてオイル交換の説明やオイルエレメント交換なんてありえない夢の世界でした。

彼らは、商品説明のトークも覚える気はないから。経営陣が困っていたので、僕が心理学の技術で職場の雰囲気を変えるために、一番成績の下がっているそのガソリンスタンドに赴《おもむ》いたのです。

そこで僕は、彼らに「焼き肉をご馳走《ちそう》するからその前に」と言って、ブレーンストーミングをやってみたのです。テーマは「お客さんがどうすればボンネットを開けてくれるか！」。

アイディアをたくさん出したメンバーには「最高級のお肉をつけるから！」と、お肉争奪合戦が始まりました。彼らの楽しい雰囲気を盛り上げたのです。

さすがにヤンキーあがりです。そのアイディアがスゴいのです。①バールで力ずくで開ける　②ナイフで脅す　③発煙筒をボンネットに仕込む　④入り口にボンネットを開けると半額と貼《は》り紙を貼る　⑤1回来た客のネジをゆるめ、次の時にはボンネットがない状態で来させる　⑥花火を仕込んで爆発させて煙を出す……など。

彼らの焼き肉争奪合戦は盛り上がったのに、僕は気分がだだ下がりでした。たくさんのアイディアが出ましたが、ふざけ過ぎていて何一つ使えるものはなかったのですから。

売り上げ意識の低い彼らには、「ブレーンストーミング」ではよいアイディアはムリだと思いました。その日は焼き肉だけをご馳走して、僕はガッカリして家路につきました。ところが、翌日、ガソリンスタンドで不思議な光景が僕の目に飛び込んできたのです。あの昨日はふざけていた彼らが、積極的にボンネットを開けることをお客様にお願いしていたり、笑顔でオイル交換をすすめていました。そこに僕の目指していたスタンドの姿がありました。

僕自身がブレーンストーミングの意味を忘れていました。正しいアイディア、現実的なアイディアにこだわり過ぎていたのです。彼らのほうがはるかに話し合っている中で、イメージが浮かび、リーダーである僕が彼らに何を望んでいるのか、どうすればスタンドの利益が上がるのかを対立者ではなく協力者として一緒に考えてくれるようになっていたのです。

この単純な心理を「参加の原理」と呼びます。

それからというもの、アイディアのよしあしに僕はこだわらなくなりました。いつものように食事に連れて行くたびにブレーンストーミングをしては「お客様が二度三度このガソリンスタンドに来てくれる方法」の特上肉をかけてブレーンストーミングをする。

①ガソリンを入れた時にオイルキャップを隠して後で電話を入れる　②標識をすべてこのガソリンスタンドに向かうように書き換える　③お客さんの車の前に飛び出す……など。

こんな意見が出ても、僕は笑顔でいられるようになりました。なぜなら、次の日から、彼らはもう一度お客様がガソリンスタンドに寄ってくれるように、サービス精神が高まり、お客様に「また来てくださいね」とフランクに声をかけるのがわかるようになっていたからです。

なんと2カ月後には、そのガソリンスタンドは地域一番店で表彰されるようになったのです。その時も最高に喜んでくれたのは対立者ではなく、素晴らしきヤンキーたちの協力者だったのです。

人の心が美しく輝くには？

学生時代に好きな者同士が集まるのがサークル（快楽集団）です。この快楽集団では、子どもの頃のように、興味があるかないか、好きか嫌いかの自分中心の行動基準に従えばよいのです。好きな人とだけつるむ。好きなことだけをする。嫌いな人とは付き合わないし、嫌いなことはしない。学生時代のサークルならこれでもなんとかなりました。それに大学のサークルならば嫌なら辞《や》めればよいのです。我慢《がまん》のいらないのが快楽集団（子どもの集団）です。

でも、学校を卒業し、社会人になると自分の〝個性〟を時には抑えて、目標（集団・組織）のためには、自分を我慢させる技術〝フラストレーションに耐える力〟

が必要となります。気が合わない同僚や、パワーをふりかざす上司、思うように動いてくれない部下の指導など数々あります。

ですから、**人間力やコミュニケーション能力は、人と協力して、時には仕え、サーバント（召使い）することが一番鍛えられるのです。**

第5章　「結婚」の章

王子様とお姫様の結婚後の話がなぜないのか？

幼い頃の童話の世界は「お姫様と王子様は結婚して仲よく暮らしましたとさ」で終わります。白雪姫もシンデレラも結婚してから後のエピソードがありません。

「結婚とは、いかなる羅針盤《コンパス》もかつて航路《こうろ》を発見したことのない荒海である」――ドイツの詩人ハイネの言葉です。

僕の両親は離婚をしています。

「好きな人と結婚するのよ」と母から聞かされていた僕は、なぜ父が母に暴力をふるってしまうのか理解できないでいました。その頃の幼い僕は決まって「砂漠の夢」をよく見ていました。静かだった砂丘の砂模様が砂嵐で巻き上がり、僕も前後左右が見えなくなる夢でした。僕はひたすらキレイな模様が元に戻ることだけを願っていました。心理カウンセラーとして言えることは、乾いた家庭の中で当時の幼い僕には解決できない状況に、ただ不安だった僕の気持ちを夢の中にうかがい知ることができます。

結婚する時には離婚など、ありえない２人だったのに

結婚を考える時には誰もが、日本での離婚率が3分の1と聞かされたとしても「それは違う世界の話でしょ」「絶対に2人の関係は永遠だから」「相手のことはすべて理解しているから」と、どのカップルも安心して船旅に乗り出すのです。ただ、**残念ながら確実に3組に1組は離婚してしまうのです。**数字の結果は残酷です。

心理カウンセラーになって離婚カップルに関わるようになり、僕の両親だけではなく、愛し合った2人が別れる時には「約束のはかなさ」「愛情関係の不安定さ」「パートナーの心の悲しみ」を知り、結婚式よりも多くの涙が、別れぎわには流されているのです。まさにハイネの仰《おお》せのように「結婚」とは完璧な航路など、誰も簡単に発見できない荒れた海のようです。

王子様とお姫様はドラゴンと戦い、棘《いばら》のトンネルを抜け、多くの試練を乗り越え

結婚式を迎えます。ところが、そのパートナーが最大の強敵になる可能性が、どのカップルにも存在しています。だから、結婚する2人にも「イーグルの目」を持つこと、結婚生活を遠くから眺めて見ることが荒海を乗り越える羅針盤になります。「予防の1オンスは、治療《ちりょう》の1ポンドに勝る」といわれるように、破局する前に、結婚生活は壊れやすいことを知っておくことも予防になります。教会で言われる「死が2人を分かつまで」、それまで2人で荒波を乗り越えるのは簡単ではないと知ることが予防になります。お風呂も熱いかもと慎重になり「そっと入浴する」と火傷《やけど》をしません。

結婚をバラ色だけと思っているカップルは離婚しやすい

そのためにカウンセリングの現場では「結婚トラブル予測質問表」を結婚前のカップルに記入してもらいます。パートナーの家族のこと、借金のこと、生活習慣のことなど、お互いに別室で記入してもらうのです。結婚する前の愛する2人は「不都合な真実」について語り合っていません。

そこでなるべく結婚前にお互いの心のズレを少なくして、結婚生活で支障《ししょう》になりそうな原因は事前に話し合うのが予防のカウンセリングです。この時期だと結婚するという目的のために、お互いに「問題になることは修正しよう」という強いモチベーションが高まるからです。データ的にも、これで離婚率は軽減できます。

よくいわれる「釣《つ》った魚にエサをやらぬタイプ」の男女が多いようです。お金遣いの荒さ、たばこを吸う、お酒の量、仲間との飲み会の数、異性の友達の数、相手の親の大切にしている年中行事など……。具体的な例を挙げると、食後にすぐに片付けるタイプか、のんびりしたいタイプか？　料理を作りながら食器を洗っていくのか？　食事は一緒にするのか？　別々でもかまわないのか？

このカウンセリングで使う「結婚トラブル予測質問表」は、食事だけの項目で十数項目もあります。さらにお互いの家族の項目も多いです。

「あなたの家庭は日曜日に遊びに行ったら、その日の夕食は誰が作る？」

①夫　②妻　③２人　④外食

お母さんがササッと作っていた男性は、当然それを妻に求めます。でも、家族で遊びに行った日は外食で済ませていた女性は、楽しくても疲れている時に、それを当然のごとく夫に求め続けられると、ソファで1人で、くつろいでいる夫にやがてストレスを感じるようになるのです。このように結婚前の家庭の文化が、新たな夫婦のトラブルに発展してきます。そのため、**相手の家庭の文化を知らないで結婚するカップルは、離婚のリスクが格段に高くなります。**

恋愛中と違い結婚後は、相手の借金は2人の借金になります。恋愛の時には、楽しく高級レストランで食べていた費用も、プレゼントの費用も、結婚後はそれらが「オール借金だった」という現実を知ることになるのです。これが恋愛時に語られない「不都合な真実」です。

この「結婚トラブル予測質問表」は、アメリカのカップルカウンセリングでは長い歴史があります。

不思議なことに「あなたの結婚するパートナーは世界の中で最高の人だと思いますか?」という質問に対して、①まったくそうです ②そうだと思います ③わか

らない　④そうでないかもしれない　⑤そう思わない……という回答の中から、①、②を選んだカップルが、なんと一番離婚率の高いカップルだったのです。

理由はこうです。恋愛期間は心が舞い上がっているので冷静な判断や分析力が働いていないからです。

錯覚《さっかく》で結婚し、現実に幻滅して別れる

結婚する前の2人はしばしば錯覚（イリュージョン）状態にあるからです。

錯覚で結婚し、幻滅（デスイリュージョン）を感じてカップルは離婚します。

危険なのはアバタもエクボは錯覚状態です。そこで結婚という大きな選択をするならばアバタはアバタとわかって、はじめて結婚するという覚悟がいるということです。相手が最高の人であるかどうかわからないし、もっと世界にはステキな人はいるかもしれないけど、「この人に決めた！　苦労はあると思うけど」という覚悟が結婚生活を延命させます。

予防としては、結婚前には冷静に相手を観るということです。

離婚は結婚より10倍のストレスがかかります。高額の家を購入する時にはシッカリと事前にチェックする人も、恋愛になると興奮状態がイリュージョンを生みだし、パートナーを冷静に見ないで結婚してしまう可能性が高いのです。

読者の中には「冷静に考えていたら結婚などできません」と言う人もいるでしょう。それは結婚がゴールだと思っている人です。でも、結婚はゴールではありません。家庭生活のスタートでしかないのです。家庭の破局は2人だけの問題ではありません。子どもたちにも大きく影響を与えてしまいます。だから冷静さを意識してもらうというのが、心理カウンセラーの役割でもあるのです。

恋愛はドキドキ、ワクワクと燃え上がりますが、結婚は恋愛に比べれば変わりばえのしない日常へとシフトすることです。まさに第3章の「恋愛」の章で書いた友愛的(ストルジュ)な穏《おだ》やかな友情の延長が結婚を長続きさせるのです。結婚生活が、毎日ワクワクの興奮状態でないと耐えられないと思っているなら、結婚に対して認識がイリュージョン状態です。あなたには心の準備が必要です。それがないと結婚後に「だまされた！」「こんなハズじゃなかった！」と結婚生活に落胆し、浮気に走ったりもするかもしれません。

別れた夫婦に隠されているのは幼児性です

第4章の「仕事」の章でも書きましたが、離婚するカップルを見ていると、誤った「一体感願望」が関与《かんよ》しているように思えます。子どもが親に期待しているように、パートナーに「こちらの望むようにやってくれて当たり前」「夫婦なんだから」と、感謝やパートナーへの労いのコミュニケーションが省エネモードに入っています。これが「一体感」の甘えの心理です。

あなたのパートナーは、どこまでいっても他人です。あなたの両親ではありません。超能力者のように「言わなくてもわかってくれるはず」は不可能です。子どもは、泣いたり、すねたり、怒ったり、地団駄《じだんだ》を踏んだりして親を自分の思うように行動させようとします。このパターンを大人になっても引きずっている人もいます。

また、そんな大人は、子どもより厄介です。

大人になっても心理的に子どもの人は、誰かが「してくれて当たり前」なので感謝も労いも伝えません。

また幼児性の特徴として「幻想的な願望」も持っています。お母さんは自分と同じ感情であってほしい。自分が感動したことは親も同じように感動するはず。「今日セミ取りに行って、セミが木から飛んだよ」――でも、それはお母さんには「そうなの……」くらいにしか感じません。そうすると「お母さんは聞いてるの!?」と子どもは怒り始めます。自分と同じくらい感動してほしいのです。これも母子一体感の特徴でもあるのです。

大人にならないと結婚はうまくいかない

また、ご主人はパートナーのために、お土産《みやげ》にケーキを買ってきたのに、それを妻が自分の想像していたように喜ばないと不機嫌《ふきげん》になります。「今日は疲れていてケーキは食べられそうにないの」と伝えても、相手の体調や気分に関係なく怒り始めます。「なぜだ！　せっかく買ってきたのに！」とずーっと不機嫌です。心理的に子どもだから切り替えて「今日は無理をしないで、よくなったら食べてくれればいい」と言えない。これは心理的に一体感が強い証拠です。だから相手に自分の期待を押しつけてきます。また、おなかが空いた時には自分自身は手伝わないで「いつになったら食べられる！」といつも不機嫌です。

いつも食事を準備してくれているパートナーに、「労いの言葉をかけるなどとは考えたこともない」というのが甘えの心理です。**自分の両親を見たままに、単純に男女関係を固定してしまっている**。**「君が作る人、私は食べる人」と、**これはパートナーだけではなく、部下に対しても同じような感覚を持ちがちです。部下に労いも感謝の言葉もかけないのも子どもです。その理由は「給料を払っているから」で終わってしまう人です。

もちろん、毎日パートナーに感謝しろとは言いません。**でも、時折は、親しき仲にも離別感で、感謝のIメッセージで「君（あなた）のお陰で……」という労いの**

思いを伝えるのが大人の条件です。

これは身近な人の気持ちに関心を持つことです。パートナーの寂しさに目を向けることです。相手と私は違う身体と2つの別々な心があるのです。どこまで行っても夫婦は完全に混ざり合うことのない2層に分かれたドレッシングのような関係です。だから、真実の一体感を感じたければ、相手の立場に立つことです。

親しき仲にも礼儀（離別感）あり

相手は、自分のロボットでもシモベでもない。相手に「離別感」を持って感謝することが重要です。妻の笑顔のかげりや、ため息、ふとしたパートナーの背中にある重荷に注意をはらうことです。

それを意識しなくなった時に、愛し合った夫婦には隙間《すきま》が生じてしまいます。それはやがて大きな溝《みぞ》になり、修復不可能な状態に陥るのが離婚なのです。だから、そうならないために、**いつの間にか生まれた隙間を埋める言葉が何よりも必要なの**

です。「ありがとう」であったり、「いつも申し訳ないね」であったり、相手にお茶を率先していれる行動だったり、パートナーの布団をかけ直す行動です。これが「親しき仲にも離別感」を持っている人の優しさです。

～勘違いの恋愛～

ある日、ペンギンちゃんはパンダに恋をしました。

ペンギンちゃんは言いました。

「あの大きくてフワフワの背中が、たまらなく哀愁《あいしゅう》があるの」

そしてパンダ君もペンギンちゃんに「白と黒の模様は似た者同士だから相性もピッタリさ！　あの小さいお尻《しり》をフリフリして歩く姿に僕は悩殺《のうさつ》されちゃう」。

そして、パンダ君はペンギンちゃんに一番おいしい竹笹《たけざさ》を自分が食べたいのに我慢してプレゼントをしました。自分は我慢したけどペンギンちゃんが喜んでくれたことが何よりもうれしかったからです。笹をもらったペンギンちゃんは、笹をもらってもおいしくないからうれしくはなかったけど、それをパンダ君に伝えることができずに「ありがとう」と言って、ムリをして食べていました。

ペンギンちゃんはお返しに、一番好物のお魚にリボンをつけてパンダ君にプレゼントしました。パンダ君はすこし鼻を近づけただけで生臭く感じる魚をもらってもうれしくはなかったけど「僕これ好きなんだ！」と言ってムリをしてお魚を食べ続けました。

2人の愛が深まるほどに、せっせとパンダ君はペンギンちゃんに笹を運び続け、ペンギンちゃんも自分が食べたいのを我慢をして、おいしい魚だけをパンダ君にプレゼントし続けました。

やがて時間が経過して、2人は与えることにももらうことにも重荷を感じて、性格の不一致で数年後に別れることを周囲に報告しました。別れた理由は「こんなにあの人のために尽くしたのに……」でした。

自分の思いだけの愛情を押しつけると、その「思いやり」が「重い槍《やり》」に変わってしまい、その重い槍がパートナーの心を傷つけてしまっているのかもしれません。

自分が望むことがパートナーも望むことだとは限りません。**お互いに自分とパートナーは違う人生で生きてきたのです。**

ですから「わかり合っているはず」の多くは錯覚です。したがって第4章の「仕事」の章にあったように、相手の話をアクティブ・リスニングで「聞き」、自分の思いを正直に、心を開いてIメッセージで「伝える努力」が必要なのです。それが大人のコミュニケーションの実践です。こうしてしっかりと2人が伝えたり、パートナーの気持ちを聞いたりすることで、お互いの理解が深まり、より2人の関係は深まります。もちろん対立することもあります。

対立のないのはよい夫婦？

「衛藤先生は奥さんとケンカすることなんかないでしょう？」

「いえいえ、ありますよ」

「え！　先生、ケンカするんですか！」

「もちろん、殴《なぐ》り合いのケンカはしないですよ。でも、意見のズレの対立はありますよ。ないほうが健全ではないでしょう」

よく「うちの夫婦は、対立はないですなぁ」と、自信を持って言われるご主人がいます。でもそれは、どちらかが、対立した時の「嫌な雰囲気《ふんいき》」を味わいたくないから、それをパートナーが我慢して避《さ》けて、見かけ上の平和を維持しているだけの場合も少なくはありません。よく「うちの夫はケンカすると、こちらの話を聞かないし、理論的に言い負かされて嫌な気分になるので、だから私は何も言いません……」「言ったら最後、100倍になって返ってくるから、あきらめています」と対立を避けている場合が多く見受けられます。

このように、**対立がない夫婦は決して、それだけで「いい夫婦」だとはいえないのです。**対立には「破局の道」と「理解の道」の両方にも進めます。人と人が一緒にいれば、お互いに違いがあって当然です。

「あなたは『間違って』いる！」は、「対立している同士の『間』に違いがありますね」という確認で、もともとは否定用語ではありません。

ですから対立は、そのお互いの違いのズレを修正する「理解の道」でもあるのです。意見の違いを伝え合って「相手は、そんな気持ちだったんだ」「相手は、それを気にしていたんだ」とわかり合えれば、「対立」は「理解」への道にもなります。これを「雨降って地固まる」というのです。お互いが対立をしている時は、相手の話を聞いていても、相手を変えようとして聞いているので、心からは聞いていないのです。これでは理解の道には進めません。第4章でお伝えしたアクティブ・リスニングで不満を吐《は》き出させるつもりで聞くのです。

仲よくケンカするための技法

ある奥さんが、ご主人が忙しくて会話する時間が取れません。夫婦生活に奥さんは不満を感じてしまっていたのでした。でも第4章の「仕事」の章でも書きましたが、不満（第二感情）の前には、寂しい（第一感情）があると気づいた奥さんは、Ｉメッセージで伝えてみました。それを責められていると思わないで、ご主人も最後まで一生懸命に聞こうと思ってアクティブ・リスニングを試みてくれました。2人とも僕の心理の教室の受講生です。

この時に、奥さんは救助のIメッセージの前に「あなたを責めたいわけではないの、ただ聞いてほしいの」と予防のIメッセージを事前にはさみました。

そして第4章の「Win-Win解決法」の**ブレーン・ストーミングを行い、「どうすれば奥さんが寂しくなくなるか？」についてお互いにアイディアを出し合ったのです。**この時にはどんなアイディアも自由に出します。そのアイディアに、いっさいの質問も批判も禁止です。思いつくままアイディアを出すのがルールです。冗談やおふざけもオッケー！　その結果、こんなアイディアが出てきました。

①ご主人が仕事を辞める　②いつも奥さんの友だちに泊まってもらう　③実家に引っ越して年老いた親と同居　④奥さんがご主人と仕事に出かける　⑤寂しい思いをするたびにご主人に1億円もらう　⑥離婚する　⑦奥さんは家を空けて飲み歩く　⑧義理の両親に来てもらう　⑧いつもお互いに連絡をする

そして、お互いに実行できそうなものを残しました。

結果は、この夫婦はご主人が大学の講師だったので、行きはご主人が車を運転し、帰りは奥さんが車を運転して帰路《きろ》につく。車の中では、お互いに同じ方向を向いて話し合っているので不思議と会話がはずみ、劇的に会話量が増えたと振り返っていました。そして、時には、ご主人の講義が終わるまでは幼い子どもと一緒に大学の構内で落ち葉を拾って遊び、帰りは一緒に帰るようになったそうです。以前よりWin-Winの話し合いで、夫婦の関係も、絆も強まったと語ってくれました。**大切なことは対立しないことより、伝えて聞き合う努力です。**

そして結果ではなくプロセスが大切なのです。こうして2人で話し合うことで「相手がこちらを助けよう」としてくれていることがうれしくなるのです。だから、対立を恐れないことです。そして、この話し合いの後に、ご主人も泊まりの仕事の時は、どんなに遅くなっても電話をすることを、ひそかに心に決めたそうです。これが対立者が協力者になる効果です。

家族でも対決姿勢になり勝ち負けにこだわるよりも、**正直に相手に心を伝えて、聞いてもらい、そして一緒に考えてもらうことで家族になっていくのです。**

身近にいた人なのに

夫婦は話してみないと、お互いにパートナーのことはわかっていないことが多いのです。

息子さんを心不全で亡くした夫婦がいました。毎日、泣き暮らす奥さんに反して泣くことのないご主人でした。それが不満の奥さんは「父親なんて薄情《はくじょう》だ」とご主人に対して嫌みしか言わなかったそうです。半年ほど経過したある日のこと、奥さんが次男との何げない会話でふと笑いました。その時に、ご主人がひとすじの涙を流したのです。

その涙に驚き「今頃になって泣くなんて……」と冷たくご主人に言い放ちました。その奥さんの言葉を継いで、ご主人が「お前が泣いている間は、俺は泣けなかった。お前を支えないといけないと思って強がっていたから。今日、お前の笑顔を見て、やっと息子のために安心して泣ける」と涙を流したそうです。奥さんは、初めてご主人の優しさと、ご主人の胸に秘めたつらさを知ったのです。そんな、心の優しいご主人に自分は支えられていたことを。

身近にいる人のことを私たちはよく知りません。だから、イーグルの視点で身近な人の心を広い視野から理解する努力が必要なのです。

人のふり見て我がふり直せ

ある女性が「夫が私の気持ちをわかろうとしない」とカウンセリングで嘆きます。僕は「では、奥さんはご主人のことは知っていますか？」と聞きました。「もちろん！」と彼女は答えました。

「では、少し質問してよいですか？」「どうぞ」

ご主人の子どもの時のあだ名は？　幼い時に好きだった絵本は？　一番好きだった芸能人は？　飼っていたペットの名前は？　親友とのエピソードで一番の思い出は？　親に叱られてつらかったことは？　学生時代にご主人が一番うれしかったこ

とは？　こう質問すると誰もが黙ってしまいます。これは夫婦ともに言えることです。**僕たちは、愛し合っている人のことを知るためには、たくさんの時間が必要なようです。**だからこそ「相手がわかってくれない」とすぐに結論を出す前に、自分自身がパートナーを知る努力をしてきたのか？　自分自身が逃げだしていないか？　数回であきらめていないか？　数度のことでパートナーを決めつけていないか？　と自分自身に問い直してみることが大切なようです。もう一度言います。**パートナーを理解するには長い時間が必要なようです。**

僕が結婚式に招待された時に披露する詩があります。

あなたの夫や妻になる人は、あなたの一部ではない。
これから一緒に暮らしはするが、決して2人は混じり合うことはない。
あなたは愛情を与えても、自分の価値観を相手に押しつけてはならない。
なぜならば相手には相手の考えや価値観があるからだ。

あなたの相手は、ある家庭の中で大切に育てられた息子であり、娘なのだから。

あなたが、相手のことを理解する努力を明日から始めたとしても、相手が「こちらのことを理解していない」というイラだちをぶつけてはならない。

なぜならば愛は時間をかけて憎しみに変わることもあるから。

では愛とは何か？

それは一生という時間をかけて「相手のことを知りたい」と思い続けるところにこそ、愛は存在するのだから……。

語り合い、聴き合った、２人がやがて互いに話し合わなくても理解できる関係に到達します。

それが以心伝心です。

パートナーへのラブレターを書こう！

この間、あるアンケートに答えました。
うれしいことがあった時に、あなたが一番先に伝えたい人は誰ですか？
困ったことになった時、あなたは誰に相談しますか？
つらい時、誰にそばにいてほしいですか？
誰と旅行に行きたいですか？

答えは、すべて「夫」あなたでした。

大恋愛とは程遠い静かな気持ちで結婚した2人だったはずなのに、銀婚式も過ぎた今、いったい、いつの間にあなたは、私の中でこんなにも大きくなっていたのでしょう。

ずっといつまでも、そばにいたい。
私の心からの願いです。

「60歳のラブレター」より

祝婚歌　（風が吹くと）（作・吉野弘）

二人が睦まじくいるためには
愚かでいるほうがいい
立派すぎないほうがいい
立派すぎることは
長持ちしないことだと気付いているほうがいい
完璧をめざさないほうがいい
完璧なんて不自然なことだと

うそぶいているほうがいい
二人のうちのどちらかが
ふざけているほうがいい
ずっこけているほうがいい
互いに非難することがあっても
非難できる資格が自分にあったかどうか
あとで
疑わしくなるほうがいい
正しいことを言うときは
少しひかえめにするほうがいい
正しいことを言うときは
相手を傷つけやすいものだと
気付いているほうがいい
立派でありたいとか

正しくありたいとかいう
無理な緊張には
色目を使わず
ゆったり　ゆたかに
光を浴びているほうがいい
健康で　風に吹かれながら
生きていることのなつかしさに
ふと　胸が熱くなる
そんな日があってもいい
そして
なぜ胸が熱くなるのか
黙っていても
二人にはわかるのであってほしい

最後に相手を責めるより、自分自身を見つめる旅

次の章の子育てに関係することですが、この詩にあるように、お互いに立派すぎないことです。正しいことを言う時には、少し夫婦ではひかえめにするほうがよいようです。自分に相手を非難できる資格があるのか……これは大切な考えです。

夫婦のどちらかが子どもを叱っているシーンで、相手の叱りかたに「もっと穏やかに話せないの？」「あなただってできていないじゃない！」「怖いなぁ、お母さん（お父さん）は～」と、子どもの目の前で夫婦で指摘し合うことがあります。

何か伝えるなら子どもが寝静まった後、相手をyou メッセージで責めないで、自分の心配や不安に感じたことをＩメッセージで優しく伝える、ひかえめな姿勢が大切です。

奥さんは、子どもを叱る時、叱りたくて叱っているのではないのです。奥さんの

中にある父性（シッカリさせなきゃ）が強まっています。それはご主人のサポート力が少ないからです。だから、奥さんの母性が強く抑えられ、やむを得ず父性を強め「自分がシッカリと躾けないといけない！」と悲鳴をあげている状態に女性はあります。その時にご主人が「ああ、怖いなぁ。お母さんは……」と横ヤリを入れて妻を指摘すると、奥さんは「叱りたくて叱っているんじゃない」と、男性化している自分自身に悲しみを感じるからです。

そんな時こそ、ご主人が「忘れ物は大丈夫か？」「時間は間に合うのか？　パパは気が気じゃない」と父性を出してあげれば、奥さんは母性が出しやすくなり「大丈夫よ、あなた……」と心が穏やかになります。「家の妻は男です！　怖いですよ〜」と言うご主人は、一度立ち止まって考えてみてください。あなたの「サポート力」は大丈夫か？　非難できる資格が自分にはあったのかです。それがイーグルの視点です！

ハイネが言ったように、結婚という船旅は完全な航路が誰もわからない荒海です。手探りでパートナーとの関係を見つけ、その結婚生活の旅を終える時に、相手ではなく自分自身の心が「夫婦関係」を通して磨かれていたのだと気づくのは素敵なことですね。

すべての船乗りにエールを送ります！

第6章　「子育て」の章

インディアンの子育て

インディアンの世界では、子どもは地球の未来を託《たく》す存在であり、お年寄りは新しい命をこの世界に喜んで導き入れ、手を握って、歩き方から生き方まで根気強く教えてくれた恩人だと言います。

インディアンの人々が食卓を囲む時には、子どもとお年寄りが一番心地よい場所で食事をいただきます。その風景で彼らが何を大切にしているかがわかります。過去と未来の受け渡しです。

インディアンの地では、尊敬されて大切にされるのは、「高齢者」と「子どもたち」です。

次の第7章の「老い」の章で話しますが、彼らインディアンの大地では、人々は老いていくことに不安は感じません。**彼らの世界では年齢を重ねるほど、誰からも尊敬され大切に扱われるからです。**

今の日本はどうでしょうか。子どもは大人になるための準備段階です。子どもの時代には、自然を感じる暇《ひま》もなく、ひたすらに大人になるための準備のために机と紙の前に座らされています。

お年寄りはどうでしょうか。彼らは稼ぐことのできなくなった過去の厄介者です。ですから日本は、お金を稼ぐ人が一番偉いのです。街もショッピングモールも生活の基本は、すべて大人たちのために作られています。そのお金を稼ぐ大人たちの邪魔にならないように、お年寄りは気をつかいながら腰を丸めて舗道《ほどう》を歩いています。その光景を異常と思えなくなっているくらい、現代社会はお金が主人公なのです。

お年寄りと子どもたちは最高のパートナー

インディアンの地ではお年寄りと子どもたちは仲よしです。忙しい大人たちに代わってお年寄りの膝《ひざ》は、いつも子どもたちに向けられています。そして、一番おしゃべりで質問好きな子どもたちのベストパートナーは誰でしょうか？　それがお年寄りです。彼らのおしゃべりに静かに耳を傾け、やさしく質問に答えられる時間が彼らにはあります。

何度も同じ話を新鮮に繰り返し語れる高齢者と、何度も同じ絵本を読んでボロボロにしても飽きない子どもたちとは、ベストパートナーなのです。

日本では子どもたちが高齢者のホームレスを汚いから臭いからと、公園で襲撃するという事件がありました。それは屈折した大人たちが作り出している歪《ゆが》んだ社会なのです。

最近の研究では、幼い子どもたちと老人が一緒に過ごすことで、痴呆を抑制《よくせい》するという報告がなされています。老人は子どもと遊ぶことに生きがいを感じ、幼い子どもたちは老人を大切にする心が育ちます。イギリスでは老人ホームに幼稚園を併設する試みがなされています。

人という動物は愛がないと人になれない

心理学の世界では、生まれて初めて出会った大人の態度が、将来の子どもの世界観を決めるといわれています。

子育てで何よりも覚えておかないといけないのは、人間の脳は未完成で生まれてくるということです。**「食べる」とか「動く」の基本以外は、人間の脳は「白紙の状態」でこの世に生まれてくるのです。**そして後天的に人間になるのです。

犬は犬として生まれてきます。馬は生まれた日から親馬と同じようにかけ出します。でも、人間は人としての教育をしなければ人になれない存在なのです。

人間の140億個の脳細胞は白紙で生まれ、成長する中で大人たちの「行動」「言葉」をモデルとして人間関係を身につけます。**だから、大人たちの生きる姿勢が後天的に子どもたちの未来に影響を与えてしまうのです。**

動物に育てられたらしいという子どもの事例は世界中にありますが、共通するのは「笑う」ことができなかったことです。笑うのは高度な脳で起こる感情だといわれています。だから親たちは子どもに向かって笑ってあげなければならないのです。

ふれあいが最高の贈り物

次に、赤ちゃんにとってスキンシップが何よりも重要になります。これは各種の動物の実験からも明らかになっています。スキンシップが少ないと脳の発達、成長速度、情緒《じょうちょ》の不安定さも悪影響を及ぼします。

さらに赤ちゃんの時にスキンシップが多く与えられた子どもたちは、その後の成長の調査によると「ストレスの耐性《たいせい》」が強く、自殺率が軽減できるという報告もあります。盲導犬を育てる時にも、犬が大好きな家庭にあずけ、トレーニングに入るまでスキンシップを人間の家族からいっぱいもらいます。その後、厳しい盲導犬になるための厳しいのトレーニングを受けても、人間を嫌いにはなりません。このプロセスを踏まないと盲導犬は育てられません。これは人間にも言えます。

心理学者のE・H・エリクソンはこの最初の信頼関係を「基本的信頼」と呼びました。この基本的な人に対する信頼は、動物だけではなく、人間の成長にも大きく関与してしまうのです。

だから、赤ちゃんのうちはタップリと抱けばよいのです。「抱き癖がつく」とよく耳にしますが、抱き癖がついた大人を見たことがありますか？　おしゃぶりがないと眠れない大人はいません。逆に不足しているほうが執着して大人になってから問題が生じます。**育児書と睨めっこしながら抱き癖がつくからと子どもを抱かないと、子どもの時に得られなかった母子一体感（完璧な愛）を大人になってから恋人や結婚するパートナーに「いつも私を見て！」「自分を中心に考えろ！」と、愛という名の美名のもとに過剰な一体感を求めてしまいます。**

僕の長男は1歳の時に小児がんで入院しました。肝臓《かんぞう》のがん(肝芽腫)です。その時、僕たち夫婦は何を心がけたかというと、それは笑顔とスキンシップでした。もちろん、遠隔転移もなく、その当時に認可された新薬も長男に適合《てきごう》したという息子自身の運の強さもあったのでしょう。彼は見事に完治して退院をしました。奇跡だとお医者さんからも言われました。

でも、僕たちはいつも笑顔で彼を抱きしめ続けたことが何よりも良薬《りょうやく》だったのだと思っています。それが一番、免疫力が上がるからです。

命は毎日奇跡の連続です

息子の病気のおかげで、今普通に生きていることだけでも奇跡なのだということを学びました。**奇跡は特別なことではなく「今日、普通に生きていること」なのです。**

生きている人々は、いつも奇跡の「今日」を体験しているのだと心から思えるようになりました。その当時も今もそうですが、子どもが親に虐待死《ぎゃくたいし》させられるニュースや、誰かが事件に巻き込まれ亡くなる報道を目にすると、一生懸命子どもの命を守ることに向き合っている小児がん病棟の親たちの気持ちを考えると、とても胸が痛みます。自殺したいという若者のカウンセリングをしていると、その親側の思いを感じます。

また、親が我が子を虐待する事件もあります。カウンセリングの現場では、多くの虐待する親たちが語る共通の思い込みがあります。それは「躾《しつけ》だ！」と言い張ることです。

子どもを死なしてしまうような躾は、親が世間的に自信がなく（もちろん意識ではなく無意識的にです）、立派な子育てが、自分の立場を上げて親としての株を上げると信じているからです。子どもをしっかり育てられないようでは、「私の価値が下がる」と、背景には親自身の無価値観が隠れています。子どもは、自分の延長線だと一体感願望を持ってしまっているのです。**子どもへの最高の教育は親の態度です。**子どもを叩《たた》けば、子どもを叩く大人に育ちます。間違いを許せば、他人の過ちに寛大な大人に育っていきます。

言葉よりも生きる姿勢

大切なことは親が子どもの前で人生を楽しく生きることです。これを心理学では

「モデリング」と呼びます。眉間《みけん》にシワを寄せて親が「勉強しなさい！」とイライラしながら子どもを叱ります。子どもは訊《たず》ねます。

「どうして勉強しないといけないの？」

お母さんは答えます。

「勉強してると大人になったら幸せな人になれるの！」

子どもは気づいています。お母さんが幸せでないことを。

勉強して大人になったら幸せになるのに、どうして、お母さんはイライラしているのかと疑問は不信を育て、やがて子どもたちは親の言うことを聞かなくなります。

だから、ご両親が人生の苦境も楽しむことです。**子どもに何かを学んでほしいなら、親が新しいことを楽しく学ぶことです。**自分が楽しくない人が子どもを虐待するのです。子どもは子ども、親は親なのです。

カーリル・ギブランの詩にこんな一節があります。

あなたの子どもはあなたの子どもではない。

待ちこがれて生まれて来た、愛そのものの息子であり　娘なのだ。

あなたを経てきたが　あなたから来た者ではない。

あなたは彼らに愛情を与えても、あなたの考えを押しつけてはならない。

あなたが彼らのように純粋に感じる努力をしたとしても、彼らをあなたのように躾けてはならない。

なぜなら、彼らには彼らの生きかたがあるからだ。

そして、未来は彼らのものだからだ。


この詩にあるように、子どもは別の存在で親には属してはいません。だから、親として何ができるかは、それは模範になること（モデリング）です。

人は言うように育たなくても、するように育ちます。それが脳の柔軟性です。愛された子どもは「愛の人」に育ちます。ご近所を嫉《ねた》んで攻撃した家庭からは、友人はただのライバルで、職場でも「人と協力する気持ちもないし、信じてもいけない」と、いつも周囲に緊張し敵対した大人が育ちます。

言葉は魔法です

ですから、子どもが挨拶《あいさつ》をしないなら、親が大きな声で挨拶する必要があります。子どもが挨拶をしないと親がイライラしながら「この子は無口だから。人見知りだから」。これを毎日繰り返すとその言葉の魔法で、無口な子ども、人見知りの子どもを演じるようになります。それは催眠暗示と呼んでいます。

催眠技法の中で「暗示」を繰り返す技術があります。人は言葉を使う動物ですから、周囲の言葉に影響を受けてしまいます。

CMで何度もキーフレーズを繰り返されると無意識に、その言葉が心の無意識にインプットされてしまいます。気がついたら口をついて出てきます。

これは教育にも応用できるし、マインドコントロールにもつながります。

人前でアガる人は「またアガる」「アガったらどうしよう」と無意識に繰り返し自己暗示を入れています。パニック発作に見舞われた人は、恐怖から「またパニックになったらどうしよう」が不安になり暗示になり、予期不安が、また「パニック発作」を起こします。

こんな実験があります。

成績が同レベルの2つのクラスがあります。ある新人の先生に実験で、1つのクラスは優秀な成績者の子どもたちです。もう1つはダメダメな子どもたちの寄せ集めです。嘘の情報を信じ込ませ1年間、新人の先生にこの2つのクラスを教えさせました。1年後、優秀と信じ込まされたクラスの学力のスコアは上がり、ダメだと信じ込まされたクラスの子どもたちの成績が格段に下がったのです。

これを心理学では「ピグマリオン効果」と呼びます。

教育はいつ破裂するかわからない時限爆弾

だから、親の声かけは気をつける必要があります。すぐに親が「この子はダメだわ！」とあきらめないほうがよいのです。

子どもはダメと思えばダメになり、「きっとこの子は大丈夫」と思えば「大丈夫な大人」に成長するのです。

雪は路面に落ちると消えます。教育は「溶けてゆく雪」なのです。

雪は路面に落ちると消えます。でも、やがて消えていった雪たちが、路面を冷やし、路面が冷える準備ができると、目に見える形で路面に雪が積もります。もし溶けていく雪の存在がないと、雪は永遠に路面を雪化粧にすることはできません。

だから、今日、親が伝えたい教育は、子どもには消えていく雪と同じです。**そのためにも親はあきらめない。それが教育です。**

「結果はいつ出ますか？」――それは親にも誰にもわからない。だから、子どもの教育は「時限発火装置」です。それがいつ着火するかがわかりません。大人になってからかもしれないし、やがて大人になり自分が子育てをスタートするようになってからかもしれません。いや、親であるあなたがこの世からいなくなってからかもしれません。インディアンのように7世代先を見越して信じるのです。だから、教育という名の「祈りの発火装置」を、愛を持ってセットし続けるのです。

これから紹介する手紙もその一例です。

《お弁当》

もし時間が巻き戻せるなら、お母さんが生きていた頃に戻り、お母さんと一緒に台所に立ち、煮炊きのコツを伝授してもらいたいと思います。大学を卒業して社会人になっても、家事を手伝うどころか毎日のお弁当を作ってもらっていた私。あきれ果てながらも色とりどりの見事なお弁当を用意して渡してくれたお母さん。「不器用なの」「忙しいの」を理由に、キッチンに向かおうとしなかった私。「詰めるだけでいいように用意してあげるから」と、幾度も声を投げかけてくれたお母さん。その度に話題をそらして逃げていた私。責めることもなく、しようがないなぁとあきらめて、それでも翌朝にはプロ顔負けのお弁当をきちっと用意をしてくれたお母さん……いい加減、親離れさせなければと、お母さんがお弁当作り返上を言いだした時は「安月給」を理由におむすび作りを要求した私。きゅきゅとむすんだおむすびは、具も梅、おかか、鮭はもちろん、高菜巻き、天ぷら入り、角煮入りオムライス風とバリエーション豊かでした。怒っているんだか、楽しんでいるんだか「毎朝、大変なのよ」と言いながら作ってくれたお母さん。職場の人も目をみはるほど素晴らしいおむすびでした。「おむすび、用意してないの」。倒れた朝、お母さんが私に告げたセリフです。自分の体調よりも、私のおむすびを心配していたお母さん。ごめんなさい。お母さん以外の人が作ったお弁当が食べられない私です。お母さん以外の人がにぎったおにぎりが食べられない私です。やっと自分でお米を研ぎ、ご飯を炊き、生きていける程度のメニューを作れるようになりましたが、お母さんがいる時に習っておけばよかったと、お鍋をふきこぼしながら、今日も台所に立っています。お弁当も、毎日、どうにか詰めてもっていっています。「防腐用には梅干しを」とか「煮物は濃いめに」とか、お母さんのアドバイスを思い出しながら……お弁当は知恵の宝庫ですね。でも簡単なようで、やっぱり難しい。毎朝が試験です。おむすびもあつあつのご飯でむすぶのは、手がやけどするようで、お母さんはよく毎朝むすんでくれたものだと、今更ながらびっくりしている始末です。天国行きの宅配便があればいいのにね。いつでも成功品を食べてもらえるのに。不器用な娘の味見をしては「どう?」と見上げています。一歩ずつ、お母さんの味に近づけるよう、空を見上げています。お母さんの娘だからめげないの。「おいしい」の声がいつか聞こえますように……。

「天国への手紙」より

教育は根気です。あきらめなかった人だけがかなうのが、教育です。**それは形を変えた愛とも呼びます。**

誰かを思う時、脳のシナプスに電気が走ります。電気が流れて光る情景はまるで、その人という星座があるように……誰かの中にあなたの星座があるのです。

あなたはどんな星座を子どもたちに残していますか？　イライラ星座ですか？　笑顔の星座ですか？　頼もしく強い星座ですか？　あなたは子どもの中にどんな星座として輝いているのでしょう。

子育ては命では越えられない未来へのパスポート

まだ息子の小児がんが発見される前。妻が数時間ごとの授乳《じゅにゅう》で大変でした。僕が子どもを寝かせるために静まった町の夜道に出ました。星のキレイな夜。赤ちゃんだった息子は、口をとがらせて何かを話しかけてくれていました。「うーうー」と何かを伝えてくれそうでした。僕は明日の仕事のことを考えていて、一生懸命に息子を寝かせることだけを考えていた。その時に「この子との『今』は二度と返っては来ないんだなぁ」と思うと、今この時を大切に味わおうと思いました。

命の重さをずっしりと感じながら、僕はこの瞬間を楽しめているのか？　赤ちゃんの時期は短いから。だから、この時を、この命の重さをしっかりと楽しまないと……そう思うと幸せな気持ちになりました。

結婚はしたけれど、子どもを授かるのに抵抗のある女性のカウンセリングをしたことがあります。その女性は、お母さんにも拒否されて愛された記憶がないのだという。だから、子どもを産んでも愛せないし、虐待するかもしれないと語って心配していました。

彼女は子どもがかわいいと思ったことがないと告白してくれました。

彼女はそんなある日、旧友同士の集まりで自然公園にキャンプに出かけました。

後輩が赤ちゃんを連れて来ていました。その後輩が「先輩、少しこの子抱いててもらえませんか？　向こうに忘れ物をしたみたいで走って取ってきます……」

相談者「無理無理、私、赤ちゃん抱いたことがないし」

後輩「大丈夫ですよ、先輩！　寝ていますから」

相談者「すぐに戻って来てね」

後輩「すぐに戻ります！」

そういって後輩は走って行ってしまった。一人取り残された相談者は赤ちゃんを不安げ抱いていていました。

どうしてこの子は安心して眠っているの？　私は子ども嫌いなのに、そんな私に身体をあずけて大丈夫なの……そうね、寝てるものね。お母さんと思っているんだよね。そのうちに大きな犬が近寄ってきました。その瞬間に彼女は犬から赤ちゃんを遠ざけました。彼女は動物も苦手でした。まして大きな犬です。その時に「どんなことをしてもこの子を守る！」と力が湧いてきたそうです。犬は何事もなかったように去っていきました。

ホッとした気持ちで赤ちゃんに目を落としてみると、しっかりと大きな目を開いてこっちを見ていたのです。彼女は「きっとこの子は泣きだす！」と思ったそうです。でもその赤ちゃんはニッコリと彼女に微笑《ほほえ》みかけてくれたのです。そして、安心して「すーっ」とまた眠りの世界に入っていったのです。「お姉さんなら大丈夫だよね」と身体をあずけて……。「自分は誰かに愛されるためにいつも頑張ってきた……。でも、この赤ちゃんだけは、そのままの私を見て微笑んでくれた。身体全体を私にあずけて！」。その瞬間に彼女は思いました。「この子は命に代えても守る。いや守れる」

命の重さを感じながら、彼女は母性を味わっていた。彼女いわく「もし、ここがジャングルでライオンに襲われても、この赤ちゃんだけは絶対に守る」と思ったと語ってくれました。

「私は子どもを傷つけるわけがない……。これが母性なのだ!」

母性を探すカウンセリングの旅は終わりました。そうです、赤ちゃんにカウンセラーは負けたのです。もちろん気持ちのよい敗北です。

僕は息子をお守りしながら、確かにこの命を守るためなら、自分の命を取られても文句は言わないと感じていました。やがて息子はミルクを飲みながら、深い眠りに入っていきました。

男同士の夜を朝まで楽しもうと思っていた僕は一人取り残されてしまいました。だから、僕は部屋に戻り息子に手紙を書いたのです。

前略、息子へ。

寝静まった部屋で一人で手紙を書いています。ある夜にママが君への授乳が大変そうだったので、僕が慣れないパパ役をかって出ました。パパは睡眠不足が一番仕事に影響がするから君を一生懸命に寝かそうとしました。でも君は寝てくれません。正直イライラもしました。でも、君がパパの手を握りながら、ミルクを飲んでいた。この一滴、一滴が君の細胞になり、いつか君の身体を支えてくれると思ったら、大切な役割だと思いました。「そう、明日の仕事よりも大切な仕事なのだ」。君と二人で過ごす夜も一生に何度もないかもしれないと……星のとってもキレイな夜でした。君の重さ、君の香りを感じながら。君はしゃべってはくれなかったけど、心でテレパシーで会話しました。星の話や、パパの幼い頃の話とかね。もちろん、僕は一人でしゃべっていたのだけど、君は口をとがらせて言葉にならない声でしゃべってくれましたよ。そして、君はパパの手を握ったり、哺乳瓶にしがみついたりして、ゆっくりとコクコク音をたててミルクを飲みました。生きる音、君の未来の音が聞こえたようにパパには思えました。このミルクの一滴一滴が君の身体を作っていく。君をサポートしてくれる。だから、もし君が死にたいと思った寂しい夜には思い出してほしい。君の身体のどこかにパパの疲れていても、君にミルクをあげた夜があることをね。自分から死を選ぶ人たちの噂を耳にするたびに、その人たちは思い出せなかったのかなぁ……多くの人の愛情が「身体のどこかにある」ことに……。

だから君が生きることでつらかったり、愛が信じられなくて死にたくなる夜もあるかもしれないけど、その時は、この手紙のことを思い出して欲しい。君の身体の中のどこかにパパの夜があること。そしてママの一日、そして君をとり巻く人たちの思いが君のどこかに隠れているということを……。だから、君はいつも一人ではないんだよ。だから、君は大丈夫だよ。ある人は子どもが泣くと「子どもを静かにさせろ！」と奥さんに怒ったそうだ。きっと、その人はこんなステキな夜があることを知らなかったんだね。それを教えてくれたのが君という存在なんだよ。いつか君が我が子を抱いている姿を見たいものです。でも、その時にはパパはこの世にはいないかもしれません。でも、君の身体の中にはパパの眠れぬ夜が詰まっています。それを感じながら、子どもと楽しんでくださいね。「パパもこうして僕と会話したのかなぁ」と感じながら。その時の君の姿はパパと似ているのかもしれません。だから、いやいやなんかで子どもと過ごさないでほしい。パパは楽しめましたよ。そして君の子どもに愛を受け渡してほしい。君にはそれが出来ますね。パパの子どもなんだから……眠れない夜に愛を送ります。

愛する息子へ　君を心から愛するパパより

この手紙を僕も父親から受け取りたかったのかもしれません。でも、もらえなかった。何かを数えたり、傷ついた何かを数えたりするよりも、今は誰かに愛を与えられる大人になれたことを喜ぼうと思いました。

親は弓、子どもは矢、思いっきり愛という力で引き絞って、矢を放ったら、あとは遠くへ飛べと祈るだけです。

だからこそ人生を彼らにあげましょう！　**ここでも「親しき仲にも離別感」です。**

いつの日にか子どもと「しっかり、さよなら」するために、今、この時を味わって、やり残さないようにしなければいけないと思います。

サバイバル能力が子育ての目的

子育ての究極の目標は、彼らが大人になった時に、自分自身で社会の中で生き抜いていけるように送り出すことだと思っています。社会という人間関係の中で「生き抜けるか？」ということです。そういう意味ではサバイバル能力が必要になってきます。

この世界は羊ばかりではなく、オオカミもトラも、ずる賢《がしこ》いハイエナも生きています。そして、自分と価値観や考え方が同じ人ばかりではないのです。自分は草を食べていても、相手はこちらを狙っているのかもしれません。ですから、何よりも大切な教えは「どんな環境の中でもしっかり生きていけ！」なのです。

だから幼い頃は、たっぷり愛してください。

やがて厳しい（父性の）関わりも必要になってきます。

愛情と過保護は違います。

今の職場が嫌だと言うと、親も「そんなキツいことをあなたに言う上司がいるなら辞めなさい！　生活は、なんとかなるから……」と簡単に許可をしてしまいます。もちろん僕も自分が決めた将来に、自分のためにならないと判断したのなら辞めることも大切だとも思っています。でも辞める理由が、キツいから、面倒だから、上司に腹が立つからで辞めれば、その子ども側の判断や見方が間違っている可能性もあります。

「いつまでに再就職する！」とか「次の目標を決めてから退社する」と決めないで退社すれば、転職癖が身についてしまいます。

親も「家賃と食費くらいはどんなことがあっても入れてね」と取る取らないは別にしても社会性を教えないとニート化が始まります。

「学校」と「社会」の人間関係のスキルは大きく違います。テストで優秀な成績をゲームのように叩き出していた学生がいました。そのため先生からも同級生からも一目置かれていました。親もその子の成績のよさで、彼のわがままも大目にみてきたのです。その結果、彼には妙なプライドだけが身についてしまい、「あの程度の連中とは仕事ができない！」「あのアホな上司の下では能力が発揮できない！」「奴らのような低レベルの人間には、僕の価値が理解できない」と、どこの企業にもある「軽度なストレス」に耐えられない大人になりました。そこに出てくるのは彼の「意味のない批判家精神」です。彼は批判をしては転職を繰り返します。彼の人間関係調整能力やサバイバル能力は、批判家精神だけが助長されてしまい永遠に鍛えられていません。

大人社会では、自分が折れたり、譲ったり、サポートにまわることで評価されます。

でも、学生時代に身についた高いプライドから仲間を皮肉《ひにく》り、上司を少し小バカにして、自分がサポートにまわることを嫌がれば、周囲から反感を持たれます。当然に当人は「こんなレベルの低い職場では働けない」となり、転職を繰り返します。

そこに登場するのが、我が子の言い分が正しいと信じ込んでしまう親たち。

パワハラやいじめ問題でニート、ブラック企業、先生のモラル低下、強まっていくコンプライアンスが強化されるたびに、ますます過保護化された社会が到来します。**今はお金さえ出せば何でも手に入る時代です。我慢する必要のない社会と言っても過言ではありません。**夜でも「コンビニ」で何でも手に入ります。どんな親に歯向かう若者もノドが渇いても、親の「夜は、お店が閉まっている」という現実原則に、誰もが我慢するしかなかったのです。でも、今は24時間お店が開いています。だから、我が子に暴力を振るわれることを恐れ、子どもの指示で飲み物を買いに行く親がいます。当然、そんな子どもたちは「わがままの肥大化」が進みます。

また昔は学校から帰ると、家族と話すしか選択はありませんでした。世代間の違う親や祖父母の中で「言葉遣い」を正されました。今はスマホの普及で、家に帰っても好きな仲間との楽しい会話が続きます。家族で観ていたテレビ番組もインターネット動画配信やYouTubeの登場により、共通の思い出が今や失われました。世代間はバラバラになりつつあります。

我慢が失われた社会

今はフラストレーションに耐える能力の低下が問題になっています。「むしゃくしゃするから」と街に出て人を殺した無差別の通り魔殺人。「人生が嫌だから死にたい」と訴える自殺者の増加。「子どもが思うようにならないから」と虐待する親たち。「会社が気に入らないから」とニート化する若者。「面白くないから」とネットで誹謗中傷《ひぼうちゅうしょう》を続ける人々。「道がスムーズに走りにくい」と煽《あお》り運転する運転手。「気に入らない国は関わるな！」と国交の断絶。**「フラストレーションに耐える能力」を失った現代人の心の真相がニュースの背景に隠れています。**

我が子可愛いさに学校にクレームをつけに行くモンスターペアレントもそうです。ファミレスに親たちが集まっていました。僕も呼びだされ「衛藤さん、今度ウチの子どもと同じクラスになるそうです」「そうなんですか！　よろしくお願いします」と僕。「今、話をしていたんですけど、今度の担任の先生は前の学年で学級崩壊寸前だったそうですよ」「そうなんですか」と僕。「で、今から何人かで学校に行って『担任を替えてもらえないか』と交渉に行こうと思って……。衛藤さんはカウンセラーをやっているので、一緒に行ってくれると助かります。行きましょう！」

僕は「まだ今回、何かトラブルが起こったわけではないのだし、それに学校が『この先生を！』と選ばれたのなら、何か学校側にも、その先生に期待もあるのかもしれませんから。ウチの子どもはその方向性に従いたいのですが……」。それに対して「子どもがかわいそうと思わないのですか？」。

僕は「出しゃばって、ごめんなさい」と言いながら、自分の思いを親御さんたちに伝えました。

「皆さん、子どもが大人になり会社に就職して、嫌な上司に出会ったり、やりにくい同僚とチームを組まされたりして悩んだりしたら、その我が子のストレスを取り去るために、今日のように上司や部署の変更をお願いに行きますか？ **彼らはいつか将来に思うようにならない現実に出会います。その時のためにも子どもの『乗り越える力』を信じませんか？** もし、何かトラブルが生じた時、彼らがＳＯＳを出したら、僕はその時に子どもと向き合います。そうでないなら『親』という字は、木に立って見るとあるように見ていましょうよ。木から降りて『あれこれ』言うより、彼らの力を信じましょうよ。もし先生が頼りなければ、その時に話しましょう。社会に入れば、頼りにならない先輩とか、指示がいつも変わる上司がいるかもしれないね。でも、その中でどう切りぬけて生きていくのかが、人としての能力なんだよ。だから、君の学校の出来事は予行演習のようなものなんだ。だから、先生はどうであれ、君は『どう生きるのか？』が大切なんだよ！　と……」。

我が子のためにフラストレーションになる

娘が家の前で遊んでいました。すぐに叩く男の子がいて、娘が「パパ来て！」と呼びに来ました。僕にとっては可愛い娘です。すぐにでも飛び出していく衝動《しょうどう》に駆られます。

でも、これは僕のフラストレーショントレランス（不満に耐える能力）が問われています。だから「オモチャで一緒に遊ぼう。だから叩かないで」と言ってみようとアドバイスしました。「それも言った……」と娘。「だから来て」。じゃ、パパが上から見ているから頑張って仲よくしてみよう。もし、ダメならパパがお話しに行くから。しばらく娘は、その子に手を焼いていました。でも、そのうちにうまく調整して仲よく遊んでいました。僕が上から見ていることも忘れて。その頃には娘は、遊びに夢中でした。

こうしてパパは忘れられる存在になる。

そんな娘が中学2年の時に、元気がない日々が続きました。同じクラスの友だちから「死ね!」と言われているらしいことを妻には話してはいました。

それでクラスで一人だけで娘はお弁当を食べているらしいのです。数カ月して、いよいよ娘は妻に「学校を辞めたい」と告げました。

「いよいよだなぁ」と思って、僕はそれまでに考えていたことを伝えるために娘の部屋のドアをノックしました。入って娘の横に座り僕は言いました。「死ね」って友だちから言われているんだって? その言葉で娘の目から涙が流れる……。その姿に娘はつらいんだろうなぁと感じながら伝えました。

だから、僕は娘の部屋に入る前に伝えたいことを考えていました。感情的にならないように、と。

「パパは実はお前にお礼を言いたくて今日は来たんだ。君が死ねって言われる側でよかったと思う。もし、君が誰かに『死ね！』って言っている側なら、パパはこうして冷静に話してはいられなかったなぁって。もし君が誰かに『死ね！』なんて言う人間だったら『即刻《そっこく》、ここから出て行け！　パパの娘ではない』と言いたいくらいのヒドい言葉だと思うから。でも、君が言う側ではなく、言われる側の娘でよかったとつくづくパパは思ったんだ。だから、君にお礼を言いたくて来た。だから嫌なら学校は辞めればいい」

「いいの？」と娘。

だって、そんな死ねって言う子に同調して、誰も助けてくれないクラスなら通ってもなぁ……と思うし、君の人生だからね。ただ、提案があるんだ。「皆が助けてくれない」と言っているようだけど、クラス全体がそうなの？　彼女は「そう」と答えながら涙が止まらない。「そうか、じゃ辞めよう。で、提案なんだけど、辞めると決まれば一度やってほしいことがある」。「何？」と娘。

パパ、カウンセラーやっていると「皆が無視する」とか、「誰もわかってくれない」とはよく聴くけど、実はその人が「そう思っていただけ」の場合があるから。もう辞めると決めたなら、どれだけ「ヒドいクラスだった」かを確認して学校を辞めたら「スッキリする」かなぁと思って。クラスの子に一人ひとりに「一緒にお弁当食べてくれない？」と頼んでみたらどうだろうか？　クラスの皆に「あなたとは食べない！」と言われたら未練《みれん》なく清々しく辞められるなぁと思って。でもね、これは勇気がいることだし、このチャレンジはパパが替わることができない。それに勇気がいる。パパも怖くてできないかもしれない。……だからこれは一つの実験の提案なんだ。

泣いている娘から返答はありません。僕は「まぁ、辞めるということが決まったなら笑って過ごそう。君の笑顔は影響力があるから、家全体が最近暗くって……」とだけ告げて、涙を流す姿を背に、そっとドアを閉めました。「僕にも簡単にはできないことを娘に提案するなんて」と思いながら……。なんと娘は次の日からクラスメート一人一人に声をかけ始めました。

「一緒に私とお弁当食べてくれない？」と。するとすぐにクラスメートの一人が「いいよ。一緒に食べようよ」と一言。そして、その子たちと仲よくなってから事情を説明したそうです。仲間外《はず》れにされていると……。「気にしないでいいよ。そんな子のことなんて！」と。

それからは、その子と親友になり、その親友から友だちが増え続け、彼女は危機を乗り越えました。その学年の後半に彼女は、そのクラスメートたちと修学旅行に行きました。

今でも笑顔の写真が残っています。そして、学年が上がるクラス替えの時に、娘は僕に言いました。

「今のクラスと別れたくない！」と……。こうして人はストレスを乗り越えて強くなります。

もちろん、サバイバル能力を身につけさせるために、優しいだけではなく叱ることも大切です。ただ、妻と僕は意図的に叱る内容は重ならないように心がけました。妻が細かい生活面を注意していました、箸の上げ下ろしや、部屋を片付けて、宿題は早くする、シャツをダラシなく着ない、靴を脱ぎ捨てないとかです。僕はそれらをおろそかにしている子どもに「ママに注意されるぞ！」と小声で助け舟を出しています。そんな一見は味方である僕が叱る時にはインパクトがあります。それは彼らが、誰かを仲間外れにしたり、目上の人に生意気な態度をとったり、弱い者イジメをした時などの、人生の中で人間的に許せない行動をした時には、徹底的に「対決する！」と決めていました。だって両親2人で箸の上げ下ろしを大きく叱ると「人生で大切なことは箸の上げ下ろしか！」となってしまうからです。もちろんマナーは大切です。でも、いつも子どもたちの味方している僕が、烈火のごとく怒るのですから、それはそれはインパクトがあるはずです。

目上の人への生意気な態度、弱い者へのイジメは社会にかかわる問題です。それが崩れ、年寄りや弱い者イジメなどが蔓延し、世界に飢饉が起こったりすれば「弱者をこの世から抹殺する」という恐ろしい社会になりかねません。なぜなら誰もが年を取り、老人になっていくのですから、誰の心にも年齢を重ねることが不安な社会になってしまいます。いや、すでに始まっています。警察や先生に食ってかかる若者たちが連日テレビで報道されています。それは、何が大切かを大人たちがわからなくなっているからです。

愛しているから戦うのです

中3になった息子とも取っ組み合いをしたこともあります。それも些細《ささい》なことが発端《ほったん》でした。身体が大きくなり、顔を真っ赤にして僕に向かって来る息子に対して、「神さま、早すぎます」。

「赤ちゃんの時小児がんになった時には、大人になってケンカするくらいに大きくなってほしい！」が、僕のあの頃の夢でした。「でも神さま、早すぎです。まだ、親子でいさせて！」と取っ組み合いをしながら、僕はそんなことを考えていました。

僕に押さえ込まれて涙する息子へ「何を言うべきなのか？」。

お互いが興奮してはいましたが、「お前はすごいなぁ。パパは父親が怖くてしようがなかった。だから、何があっても逆らえなかった……。でも、お前はパパに向かってきた。すごく根性があるよ。でもなぁ、今日のお前は自分を守るためにパパに向かってきた。男として大きな声を出すなら、誰かを守るために戦いなさい。パパがママに暴力を振るったとか、お前の大切な人が誰かに襲われたとか、その時にしっかりと、その人たちを守るために戦えよ。でも、今日は自分が腹がたったから向かってきた」。

息子が泣きだした……。

「今日、お前が向かってきたのは、自分可愛さでパパに向かってきた。だから、まだ負けるわけにはいかないとパパは思った。でもなぁ、あと数年もしたら、お前はパパに勝てなくなると思う。その時はお前は自分から家を出てくれ！　ここはパパの家だから、お前が出ないなら警察を介入《かいにゅう》してでもお前をここから追い出す。日本は法治《ほうち》国家だ。それはお前を愛しているからだ。意味のない暴力には償《つぐな》いが必要なんだよ」

小学校低学年だった娘もいたので、いい機会だと思って話をしました。

「カウンセリングをしていると、親に子どもが暴力をふるい、壁が穴あきだらけの家庭をよく訪問する。ウチの家では、そんな風景はありえない。お前たちはパパとママの家に住んでいる。服も食事も親の愛情のうえで生活しているんだ。だから、文句言いたいなら家を出なさい。そして、自分で生活をしているなら対等だ。でも、親の家に住んでいるなら家族としてのルールは守れ！　それが嫌なら遠慮《えんりょ》はいらないから寂しいけど2人とも出ていきなさい。そして仕事をして自分で自分の生活を守りなさい。どんな仕事でも、しっかり胸を張って生きているなら立派な大人だから。でも、それが今できないなら大きな声や暴力はくだらない。

いいかい、ケンカは怖いんだ。パパだから親子同士なので途中で止まったけど、これが街に出て大きな声を出したら、命のやり取りが起こる可能性がある。昔の武士道は絶対に刀を抜かないのが武士魂だったそうだ。どうしても刀を抜かないといけない時には、どちらかが死ぬ。だから、今、刀を抜く必要があるのか、自分の感情を徹底的に抑えるのが武士道だ。どうしても抜く時は、大切な人を守るためだけに抜け！　今日はお前の刀は誰かのために声を荒らげたんだ。自分のためではなかったか？　自分を振り返ってみなさい。

お前たちは、2人ともがパパにとっては可愛くてしようがない。でも、覚えておきなさい。いつかは家族はバラバラになる。家族は永遠ではないから。だから、もっと家族を楽しもうよ。いつかこの家族があったことも過去になる。だから面倒な会話も、面倒な家族のイザコザも……」

愛は目に見えない時限爆弾です

娘が高校生になった頃、娘が電話を切る時に僕より早く切られたことがありました。他愛もないことです。でもなんでもないことだから、あえて僕から再度電話をして娘に伝えました。「今、お前はパパより先に電話を切ったろ。悪いけどパパのほうが、年上なんでパパが電話を切ったのを確認してから電話を切ってくれるかなぁ。それが大人のルールだから。いつか、お前が社会に出た時に、先輩から注意をされて落ち込んで帰る日があるかもしれない。その時にお前が叱られるのがつらいから、パパが今伝えようと思ったんだ」と電話をかけ直す僕は面倒な父なのです。実はこれは僕も面倒です。あえて嫌われることをするのですから……。でも、僕は娘を愛しているから僕があえてストレスになるのです。

娘が未来のどこかで、誰かに言われて落ち込むことが僕には想像がつくから戦うのです。愛があるからパパがあえてストレスの刀で娘と戦いもするのです。

そのために幼い時に目に入れても痛くないくらいに僕は彼らを愛してきたのです。

子育ては簡単ではありません。好かれるだけならとっても簡単です。面倒なやり取りは逃げればよいのです。子どもと対決しなければよい親になれます。自分のために叱るのか、愛で叱るのかでは違うと考えています。

愛情は優しくすることだけではなく、自分が社会の壁となって徐々《じょじょ》に大人の世界には、どうしようもない現実があることを伝える役割もあると信じています。

だから、親を逃げないことです。未来のどこかで彼らが「僕たちは、すごく愛された」と思ってもらえれば一時的に嫌われても親は本望なのです。目に見える愛情だけが愛ではないのです。

「たいせつなことは、目では見えない……」

サン＝テグジュペリ『星の王子さま』より

第7章　「老い」の章

老いて自分の人生の結果が出る

老いの時期は体力の低下にともない、若い時に比べていろいろなことができなくなります。ですから何かを切り捨てて過ごすことが多いので、人生の衰退期として語られます。しかし近年の心理学では、それまで生きてきた人生の本質が問われるのが老年期の特徴でもあるようです。

ですから、まさに人生の完熟期《かんじゅくき》として考えることもできます。**多くの人たちは、老年期の怖さとして、寝たきりになること、ボケることに不安が向かいますが、本当の老年期の怖さはその人の「人生の集大成が問われる季節」だからです。**女性雑誌に目を通すと、美顔術、整形手術、やせる方法、スタイルをよくする方法、いかにして美と若さを保つかなどの記事がところせましと掲載されています。このようにして外見の美しさにのみ、囚われて生きている人々にとって、老いは悲惨《ひさん》な喪失時代でしかないのです。年を取るとふくよかな顔も、その人本来の顔の輪郭《りんかく》があらわになっていきます。また、精神においても同様に、**年を取るにつれ、その人の本来の心のクセが際立ってくるのです。**

男性も、権力や地位の争奪合戦に明け暮れ、いかに周囲が自分にひれ伏すかに酔いしれ、相手を押さえ込む強引さを売り物にしてきた人も、仕事の第一線から離れ、肉体の衰えや判断力の低下から、周囲（部下・家族・公共福祉・地域社会）への依存度が急激に増加します。

私たちの身体は何を食べたかではなく、食べたものから何を吸収したかが重要であるといわれています。私たちの人生も、何を体験してきたかではなく、体験したことから人は何を学び、自分を深めてきたかが重要になります。つまり、老年期は、その人間的な真価が問われることが重要課題なのです。

老年期は「人生の意味がなんだったのか」を問われる時期でもあります。

中老年期への準備とは

精神科医アーロン・ベックは中年期の危機を4つに分け、老年期の危機を3つに分けました。危機というとドキッとしますが、危機は危険の「危」と新たに生まれ変わる機会の「チャンス」が含まれています。**ピンチ**と**チャンス**。どちらと取るかです。

中年期の危機を生かすためには……

一、ピンチは「体力」　チャンスは「叡智《えいち》」

中年期は体力の低下に気づき始めます。まったく他人ごとだった健康へと関心が移ります。美容、サプリメント、食生活、運動への関心に興味が移動します。若さと体力だけを価値だと思っている人には、体力の低下は憂鬱《ゆううつ》になりやすく更年期からくるうつ病になる人もいます。ここでの課題は身体的な価値よりも、生きて学んできた知恵、自分の経験値に価値を見いだすことであり、その移行期間が始まるといえるのです。

二、ピンチは「性」チャンスは「性を超える人間関係」

中年期の特徴として、若い時には心理学者フロイトが指摘したように、男らしさ、女らしさ、性欲（リビドー）が重要な要素でもありました。でも中年期においての性欲は中心ではなくなります。閉経した女性は、時に自分が女性でなくなったかのように悲しむことがあります。それを乗り越えるためにも、見た目の美しさだけに価値を見いださず、「性中心」から、人間的な魅力へのシフトを徐々に移して、人間的な魅力を広げていくことです。それがこれから来る老いの時期にも輝きを与えます。

三、ピンチは「頑固」チャンスは「心のしなやかさ」

エネルギーを向ける方向を、ある人から別の人へ、ある活動から別の活動へ変化させる能力が大切な時代となります。若い時から仕事の第一線で活躍し、すべてワンマンで自分の力で生きてきた人ほど、周囲の部下に仕事を任せることができません。ですから、部下からは「ひとりよがり」「頑固だなぁ」と敬遠され孤立感を深めてしまいます。

子育てにエネルギーをすべて注入してきた人も、子どもの独立や自立が始まると、それを子どもからの反抗や裏切りと感じて孤立してしまいます。それを成長と感じる人は変化に柔軟性があります。職場や家族以外の人との出会いを増やし、趣味の仲間、ボランティア活動、新たな習いごとなどで心をしなやかにする必要があります。

四、ピンチは「孤立」 チャンスは「調整」

中年になると、新しい意見やアイディアの柔軟性が低下します。新しい発想を受け入れられず「今の若い者は!」「新しいものは要らん!」「これで生きてきたんだ!」と若い世代と断絶してしまいます。若い人に迎合《げいごう》する必要はありませんが、スマートフォン、フェイスブック、インスタグラムを取り入れつつ、手紙の魅力、人とふれあうことの魅力を若い人に優しく伝える役割も生まれます。そして今まで出逢ってきた人と人とを結んで、ステキな調整役として、新たな人間関係のパイプになるのが理想的です。新しいことにふれ、過去の知恵と融合させる。まさに温故知新です。このような魅了的で柔軟性のある人は周囲から孤立することはありません。

老年期の準備とは……

一、ピンチは「自己能力への執着」　チャンスは「新たな魅力の開発」

中年期は準備だったのに対して、老年期は、すべてをかけてきた役割の喪失が強制的に起こります。仕事の引退や、子どもの完全なる自立が訪れます。仕事から完全撤退し、親として子育て以外に、生きがいを見いだせるかがテーマになります。

定年により収入は減少し、周囲に頼ることが多くなります。ここで自分の能力だけを頼りに生きてきた人は心の危機が訪れます。他者からの援助を拒み、やがて周囲から「やりにくい人」と評価され敬遠されてしまいます。

ここでのシフトは「頼られる側」から「周囲の能力を伸ばす人」へ、「主役にならねば」から「陰ながらサポート」するへ、「自分ひとりでなんでも」から「仲間との助け合い」へと変化することが課題となります。

二、ピンチは「身体への執着」チャンスは「精神への熟成」

ほとんど多くの人が、病気への抵抗力が落ちていきます。身体の健康が一番と考えていた人にとって老いは敗北であり屈辱となります。身体の「変化」や「痛み」だけに心が奪われてしまいます。だからすべてにおいて悲観的になってしまいます。痛みの研究では痛みを和らげる方法は、なんらかの役割に時間を確保することです。老人として身体の苦痛がありながらも、近所の老人の世話や孫のよき話し相手に、さらにはボランティアをし、人生を実り多いものにしている高齢者も多く見られます。

動物的な身体的機能だけに「幸福」「喜び」を限定するか、人間の特性である心の成長に意味を見いだせるかの分岐点になります。いつまでも社会の役割を引き受け、人間としての美しさに磨きをかける人々のことです。

三、ピンチは「自我へ執着する」　チャンスは「自我を超越する」

老いの難問はやがて訪れるであろう自分自身の死や配偶者の死を、どう受け止めるかです。老年期の決定的な特徴は「死」を予期しながら生きることにあります。若者の死は突然ですが、老年期とは死と隣り合わせで生きるということになります。この難問は哲学・心理学・宗教学の多くの思想家にとって永遠のテーマでした。

でも、このことに対しても積極的に乗り越える方法がないわけではありません。それは自己を超越することです。肉体は寿命の時間を超えられません。でも次の世代の幸せのため寿命を使い切る、脈々と流れる時間の中に自分の生きた意味を見つけることです。

自分の知恵で、子々孫々の未来の人たちを正しく導くことで、寿命という人間の時間を乗り越えることが可能なのだと悟ることです。インディアンの長老がお話し好きなのは、自分と過ごした時間や子どもたちに語ったストーリーが、未来を生きる子どもたちの心に刻まれて永遠に語り継がれることを願っているからです。その思い出の中に、自分の生きた意味を見つけるからです。

かつてインディアンには学校や教科書はありませんでした。一つの教科書に、子どもたちを従わせる必要はないからです。長老は子どもたちに合わせてストーリーを使い分けています。この子には勇気が必要なら、勇気ある戦士の話を、その子には柔軟性を身につけてほしいと願うなら、柔軟で英知にあふれた旅人の冒険の話を突然に始めます。そうです。彼らは学校に子どもたちが合わせるよりも、子どもたちに合わせたストーリー（教育）が用意されるのです。また、疲れている子どもは長老の膝で寝てもかまわないのです。それが彼らの学校でした。

ある人が言いました。

「私はこの年になるまで、自分はなんのために生まれてきたのか、うかつというか愚《おろ》かというか考えてもこなかった。学校の先生にも改めてことこまかに教えてもらった記憶もない。しかし、先日、ふと柿の木の下にいて、落ちてきた熟柿を見てハッと気がついたのです。『なんだ、そんな簡単なことだったのか』。人間が生まれてきたのは、次の世代を継ぐ人々を残してあげることだったのだ。それなら自分は結婚して子どもを作り、孫さえもう立派な成人になっているではないか。そして、多くの若者に仕事を伝えてきたはずだ。自分の存在が未来の懸《か》け橋として『今』という時代に必要とされたのだ。凡人の中の凡人が、今日まで十分すぎるほど生き残らせてもらっていたのである。誠にありがたく、もったいないことである」

次の世代を守ることが、自己の一生の時間や自己の生命の限界を超え、永続的に生きることになるのです。

この考えは、自分の人生へのあきらめでも、自己否定でもありません。
自分から未来へと永遠に流れている時間の中に、もう一つの〝わたし〟(次の世代)が、安全で幸福になるための、社会作りの努力と活動の橋渡しを惜しまないことだったのです。

そのような人は、自分の血筋の子孫を超え、日本の子どもと自国びいきを超え、すべての世界の子どもの未来のために努力を惜しまないのです。これを第4章の「仕事」の章でも紹介したマズロー博士が提唱する最高位の「自己実現」の上に、さらに自分を超える「自己超越欲求」と呼ばれる最高レベルの境地です。この「自己超越」をマズローが語り出したのは、晩年のことですから、マズロー博士も自国だけではなく、世界の平和のために「自己超越欲求」が必要と感じていたのでしょう。**自分の成功、自分の財産、自分の国だけを考える人には「自己超越」の最高レベルは訪れません。**

このような人生の羅針盤をしっかりと意識し生きることは、老いの目的をはっきり可視化し、正しい老い方が見えてくるような気がします。

気づきを武器にして誰かを攻撃しないこと！

でも、この考えを自分の老いた親に「強引に求める」ことは介護する者も、される者も、新たな苦しみを作ってしまいます。

痛みに気をとられ、苦しむ親がいつも言います。「早くお迎えが来ないかなぁ」と後ろ向きの言葉を語ります。もしくは、いつも「痛い痛い」と訴えてくると、母子一体感（第6章の「子育て」の章を参照）の強い息子や娘は「そんな後ろ向きなことを言わないで！」とか「前向きに考えないといけないのよ」とか「痛い痛い、と言ってもしようがないでしょう」と老人の言動を否定してしまいます。

こんな時は第4章の「仕事」の章でお話をしたように、しっかりと色をつけない白紙（の状態の心）で聴いて吸収することが大切です。

「生きるのがつらいんだよね、お母さんは」とか「痛いところが気になるのね、お母さん」という具合に。すると誰かにわかってもらった安心感で、親は逆に「前向きに考えなきゃね」と自分で考え方を変えていきやすいのです。

でも、逆に「いつもいつも、そんなこと気にするなよ！」と否定されると、この世界に孤独を感じて、さらに親は死にたくなるのです。「あの世から早く迎えてほしい」とより、願うようになります。この世界の安心感は自分を理解しようとする人々に囲まれていることです。

心身の痛みも、「安心して落ち込める」と、心は逆に前向きに取り組めるようになるのです。

立派だった親が子ども返りする姿は、過去の娘や息子にとってつらいものです。だから「しっかりしてくれよ～」となります。でも、しっかりできないのが老いなのです。インディアンの言うように精神がしっかりし、屈強な身体を持っている「今」の人々がしっかりと心をサポートすることです。それは、いつか未来の、あなたが年老いた頃には安心できる社会になる一歩でもあるのです。情けは人のためならずです。すべてあなたが親にすることは、あなたがやがて年老いた時に収穫することになります。あなたの子どもたちは、あなたの親に対する態度を見ています。やがてあなたが年老いた時にまねてそっくりの息子・娘になるのです。

あなたの正しさで、親を裁く時、やがてそれによりあなたが裁かれます。結婚の章でも伝えましたが、あなたの正義は誰かを傷つけます。イーグルの目を持ち、自分自身の考えや、心の癖やパターンを離れた視点から自分自身を疑うことです。

「手紙」

年老いた私が、ある日、今までの私と違っていたとしても、どうかそのままの私のことを理解して欲しい。

私が服の上に食べ物をこぼしても靴ひもを結び忘れても、あなたに昔に色んなことを教えたように見守って欲しい。

あなたに話す時、同じ話を何度も何度も繰り返しても、その結末をどうか、さえぎらずにうなずいて欲しい。

あなたにせがまれて繰り返し読んだ絵本のあたたかな結末は、いつも同じでも私の心を平和にしてくれたから悲しい事ではないんだ。

消え去ってゆくように見える私の心へと、励ましの眼差しを向けて欲しい。楽しいひと時に私が思わず下着を濡らしてしまったり、お風呂に入るのを嫌がる時には思い出して欲しい。

あなたを追い回し、何度も着替えさせたり、様々な理由をつけて嫌がるあなたとお風呂に入ったあの懐かしい日のことを。

悲しい事ではないんだよ。

旅立ちの前の準備をしている私に、祝福の祈りを捧げて欲しい。

いずれ歯も弱り、飲み込む事さえ出来なくなるかも知れない。

足も衰えて立ち上がる事すら出来なくなったなら、あなたがか弱い足で立ち上がろうと、私に助けを求めたように、よろめく私にどうかあなたの手を握らせて欲しい。私の姿を見て悲しんだり、自分が無力だと思わないで欲しい。

あなたを抱きしめる力がないのを知るのはつらい事だけど、私を理解して支えてくれる心だけを持っていてくれればよいのだからきっとそれだけで、私には勇気がわいてくるのです。

あなたの人生の始まりに私がしっかり付き添ったように、私の人生の終わりに少しだけ付き添って欲しい。

あなたが生まれてくれたことで、私が受けた多くの喜びと、あなたに対する変わらぬ愛を持って笑顔で答えたい。

私の子どもたちへ
愛する子どもたちへ

「親愛なる子どもたちへ」より

介護は「してやっている」のではないのです。お返しを「させていただく」のです。あなたが幼い時に親を困らせたことを、あなたが年老いた親に恩返しできたら、きっと、あなたはステキな人生を送れるはずなのです。

彼らの夢を醒まさせないで

ある老人ホームでは職員が高齢者の夢の中に入っていきます。ある入認知症になられて入居して来ても、社長はやはり社長でいたいようです。その入居者は未だに自分は社長だと思っているので、毎朝のように朝礼をします。その入居者のAさんが「朝礼を始めるぞ！」というと介護職員は、まるで社員になったふりをして神妙《しんみょう》に朝礼に参加するのです。もちろん手帳の中は毎日まったく同じです。でもAさんは毎日社長として満足の生活を老人施設で送っています。

ある入居者の女性は廊下にかけてある鏡に向かって立ち止まり話を始めます。「お母さん、そこにいらしたの？　なんだかお年を召されましたね。私ね……」と会話が続きます。

もちろん、鏡の中にいるのは自分の姿です。でも、その姿の中に、自分が愛したお母さんを見ているのです。だから、その会話が始まるとスタッフは鏡に映らないように腰を屈めて歩く羽目になります。いつの間にか、その鏡の前には椅子と仕切りが用意されるようになりました。その空間の中で懐かしいお母さんとの会話を楽しんでもらいたいためです。

入居してくる人の中に「家に帰る！」という男性がいます。でも、彼は過去が有名な建築士だったのでスタッフの人は「Mさん、明日はこのホームに、役所から建築監査が入ります。少し見ていただけないですか？」――やはり頼られると高齢者も過去に戻り「そうか、任せなさい！」とご満悦。そこで昔とった杵柄《きねづか》で「ここの1階の窓は大丈夫！」「ありがとうございます」とスタッフ。「あの～、2階も見ていただけますか？」とスタッフに促されて、2階のチェックでMさんは疲れてしまいます。そして役割のできたMさんは家に帰ると言わなくなりました。

ある女性はお風呂になかなか入ってくれません。しかし、もともとはカトリック教会のシスターです。だから、ホームではお風呂にマリア様を置いています。「シスター、お風呂マリア様にもお祈りをお願いします」

そして、元シスターがお祈りをしている間に、スタッフはシスターの身体を念入りに洗うのです。聖母マリア様のおかげさまでシスターは心も身体もスッキリです。Oさんはブルーの目をした人形を肌身離さず持っています。自分の娘さんだそうです。でもある日、不安げに「みんなが私の子どもじゃないと笑うのよ」。

「どうしてですか？」とスタッフが聞くと「目の色が違うと皆が笑うんです」。

スタッフ「O様のご主人が海外生活をしておられた時に海外に行かれませんでしたか？」

Oさん「はい。主人とフランスにまいりましたのよ」

スタッフがたたみかけて「その時のお子さまじゃないですか？」と聞くと、「そうよ。その時の子どもだわ！」とOさんはご納得されました。

そして、Oさんが、なかなか食事をされない時には、娘である青い目の人形にドクターは聴診器を当てます。施設のドクターもなれたもので「娘さんの容態はきわめていかんですなぁ」。

Oさん「なぜでしょう？　先生」

ドクター「お母さんがご飯を食べておられないのではないですか？」

Oさん「はい、最近は食欲がございませんのよ」

ドクター「それでは！　お母さんが食べないと娘さんが栄養失調になります」

Oさん「それはたいへん！」

ドクターの名演技で、Oさんは食事をしっかりと食べるようになりました。

いかがですか？　あるステキな高齢者施設の出来事です。

認知症になられたご両親に「しっかりしてよ、父さん！」「何を言っているの!?」「バカなことを言わないでよね、お母さん……」となると介護する側も、される高齢者も不幸です。

きっと一番華やかだった頃に親御さんの心は遊んでいるのです。だから、夢は夢の中でかなえてあげるのが介護ではないでしょうか？　あなたは、楽しい夢を見ている時に「しっかり起きてよ！」「何の寝言を言ってるの！」「それは夢だからバカなことを言わないで」と叩き起こされたら、どんな感じがしますか？　夢は夢で楽しんでいただこうじゃないですか。

いっぱい過去に頑張り、日本を支えてきた人々に、ゆっくり夢の世界に入って過ごしてもらいましょうよ！　それが老人を敬《うやま》うということです。

老いのイメージを変えよう

老いを「最悪」という受けとめ方で固めてしまうと、老いは単なる喪失《そうしつ》体験です。でも、心理学者のアルバート・エリスは言いました。「現実が人の心を苦しめるのではない」と。**その人の現実に対する「受けとめ方」で、世界は変わるのです。**

雨という現実を、どう受けとめるかです。「傘をさしての移動が大変」「髪の毛がまとまらない」「湿気が多い」。そう思うと雨は最悪になります。でも、雨という現実を、どう受けとめるかで心は変わります。

「田んぼに水が溜《た》まる」「庭のお花の水やりがはぶける」「花粉が飛ばない」「湿気で肌が潤《うるお》う」となれば雨はよかったという結果を作り出します。

老いるというのも「身体が動かない」「目がかすむ」「どこかが痛む」「女性（男性）として魅力がなくなる」と、老いをマイナスの固定観念にすると老いの季節は

灰色になります。受けとめ方を柔軟にし、人生をバラ色にするのかは自分しだいです。身体は不自由になるかもしれませんが、心は年を重ねるたびに自由にしていきましょう。

先ほどの例でいうと、身体が不自由になった分「周囲の優しさに気づける」「親切にしてもらったらお礼を伝えて、その人に親切にすることの喜びを提供できる」「若い時には、人の目が気になっていたけど、年を重ねると、どこかのおじいちゃん、おばあちゃんになって、それほど周囲の目を気にしないで過ごせる」「時間がたっぷりあるので今まで見落としていた世界（自然、仏像、孫の変化）を落ち着いてじっくり見つめてあげられる」「性で曇っていた男女の友情をしっかりと育める」——いかがですか？　前者と後者では老いのイメージは大幅に違ってきます。

『老人力』を書いた赤瀬川原平さんは、老人は2人集まると「ほら、あの人」「あ！　あの人ね」と超能力者クラスのコミュニケーション能力が、誰もが身につくと言っておられます。

若いうちは、携帯電話を持ったか？　財布は？　会議の書類は完璧か？　とドキドキして、緊張が続いてうつ病になる人もいます。原平さんは駅に行って財布を忘れたことに気づき、「財布を忘れました！」と駅員さんに伝えると「はい。ではこちらにお名前を書いてください」と、さし出されたのは忘れ物者名簿です。こんなに小さいことを気にしないでおおらかに生きている人がいるのだと、その名簿が「大物の紳士《しんし》淑女《しゅくじょ》名鑑」のように感じて感動したと著書に書いていました。

そうですね、過去の誰かに言われたこと、されたことを忘れられないことで、人は恨んだり、悩んだりするのです。それを自動的にスムーズに忘れることができるのが、老人力に備わった「忘却力」です。

老いて目ざめる感覚

老いにも時期があり、人生の終わりも時期があります。**時間がもう戻らないという現実を知っているから、老いは一瞬の時間の中にも、自然の中にも美しさを感じることができるのです。**そして、短い生涯の中にも「晩年」と表現するしかない、熟成され、完成されたものが生まれてくる時期があります。

若くして余命いくばくもないと宣告された作家が、毎年見ていた桜の花が、今年こそ見納めと思って見上げた時の迫ってくる自然の美しさに感動し作品の中に永遠に残そうとするのも、戦犯として処刑される寸前に、牢獄《ろうごく》の窓から差し込む陽の光に神を感じるのも、限られた時間が感覚を研《と》ぎ澄ますから見つけられる感覚です。

トップセールスとモテはやされ、いつも家を空けていたビジネスマンが、脳腫瘍《のうしゅよう》になりました。会社の上司のはからいで、午前9時から午後5時のデスクワークに異動させてもらって時間どおりに家に帰るのです。そして子どもたちとゆっくり散歩をするそうです。すると子どもだと思っていた彼らが、しっかりとした意見を持っていることに気づいたそうです。そして、今まで父子の会話では「成績はどうなんだ」「将来の進路は決まったのか?」と一方的な質問しかできなかった自分が、今は「人生は一度だ。お前たちには楽しんでほしいなぁ」「こうしてお前たちとする散歩は幸せなんだよ」「お母さんを大切にしような」とIメッセージを語るようになっていたそうです。

いつかは人は死ぬ。でも、もし交通事故であっけなく亡くなったら、こんなステキな息子との時間は持てなかったのです。ですから、脳腫瘍は「神さまからの贈り物」だと言われました。**限られた人生の時間を意識した時、戻せない時間の尊さに気づくものなのですね。**

人生は石積みのようなものだと言った人がいます。単純に「石を積み上げる」という儀式が世界中にあるのです。僕が旅したインディアンの聖地ベア・ビュートでも石積みをいたるところで見つけました。日本では恐山や霊場で、また、カナダではイヌクシュクと呼ばれる石積みがあります。蒙古、チベットなどのオボといわれる聖地にも石積みの儀式があります。

人生はいつ崩れるかわからない石積みのようなものかもしれません。小児がん病棟の親たちは普通の家庭より子どもとの会話を大切にしています。**いつか子どもとの会話も、子どもを抱きしめることもできなくなるかもしれないと、いつもいつも感謝して一日一日の石を積み上げています。**その一瞬の緊張と「今日もこの子と生きられた！」という安堵《あんど》の中に、日常の奇跡に感謝する母の姿があるのです。

老いはホッとする間もなく、また、新たな悲しい別れが訪れます。だからこそ、若い時には気づかない日向ぼっこのような、ありふれた日常の平和の中に、たくさんの幸せを発見できる能力が老人には備わってくるのではないでしょうか。僕もそれが楽しみです。

肉体は衰え、やがて心は若さを取り戻す

僕の住んでいた大分県の住職が「若い時の喜びは肉体的で平らなもの、でも老いると心が鋭敏になり、小さなことにも深い世界の喜びを知ることができる」と語っていました。**老いを受け入れ、残された時の少なさを感じることが、人間の魂を蘇らせ、心のセンサーをより鋭敏になるようです。**

心理学者ユングは、「年齢により、肉体は老いるが、心や魂は鋭敏になり若さを取り戻す」と言っています。

最上のわざ（ヘルマン・ホイヴェルス／林幹雄訳）

この世の最上のわざは何？
楽しい心で年をとり、
働きたいけれども休み、
しゃべりたいけれども黙り、
失望しそうなときに希望し、
従順に、平静に、おのれの十字架をになう。

若者が元気いっぱいで神の道を歩むのを見ても、ねたまず、
人のために働くよりも、
謙虚に人の世話になり、
弱って、もはや人のために役だたずとも、
親切で柔和であること。

老いの重荷は神の賜物、
古びた心に、これで最後のみがきをかける。
まことのふるさとへ行くために。

（後略）

「老いる」は「完成する」と同義語です

この章を締めるにあたって「老い」とは、ただ年齢を重ねることではないことをお伝えします。

よく知られているようにモーツァルトは35歳で亡くなり、シューベルトは31歳の若さでこの世を去っています。日本人の好きな坂本龍馬は、薩摩と長州のあいだで調整役になり、大政奉還を成し遂げて33歳で亡くなっています。「雨ニモマケズ」の宮沢賢治は37歳です。金子みすゞは亡くなる26歳までに512編の詩を残しました。意外と若くして活躍して、疾風の如く去ったことになります。後年になって彼らの作品にさまざまな分析が加えられる時に、死没の年齢には関係なく、死の直前の作品などは「晩年の名作」といった形容詞がつきます。不思議なことに、「晩年」としか表現できない完成度の高い作品に満ちています。石原裕次郎さんの最後の歌は『わが人生に悔いなし』ですし、美空ひばりさんの最後は『川の流れのように』でした。

中国では先生のことを尊敬を込めて「老師」と呼びます。

ですから**「老いる」というのは「完成する」と同義語になるともいえます。**

だから、一生懸命に立派であろうとする人に、僕は冗談で言っています。**「あんまり人間完成を急ぐと　あの世に早く呼ばれますよ」と……。**

そんなに生き急ぎしないでくださいね!

のんびり生きましょう。のんびりと……。

第8章　「死」の章

死は永遠につながるための通過点

日本人は畳の上で穏やかに死にたいと考えます。インディアンの人々は大地で死にたいと言います。

なぜ、インディアンは大地なのでしょうか？

大地には、たくさんの先祖の命が詰まっているのだそうです。インディアンは「若いうちは多くのものを大地からいただいた。だから、自分たちが死んだら、今度は自分が大地の栄養になり、その栄養で美しい草花が咲き乱れ、その大地の上で子孫（孫、ひ孫）が走りまわることを想像するのだ」と言うのです。**それくらいインディアンにとって白人に奪われた土地にはお金に換算できない、先祖の優しさがつまっている場所だと言います。そこに自分たちも戻るのだと……。**

次に紹介するのはインディアンのシアトル首長が、14代アメリカ大統領のピアスに宛てた手紙の一部です。フランクリン・ピアスはインディアンが大切に守ってきた土地を買収し、インディアンは政府が与えた居住地に住むように申し入れました。虐殺されることに疲れたインディアンは、泣く泣くその申し入れにサインをしました。その時にシアトル首長が大統領に手紙を送りました。

はるかな空は涙をぬぐい、今日は美しく晴れた。あしたは雲が大地をおおうだろう。けれど、私の言葉は星のように変わることはない。

ワシントンの大首長（アメリカ大統領）が、土地を買いたいといってきた。どうしたら空を買えるというのだろう。そして、大地をも……私には、わからない。風の匂いや、水のきらめきを、あなたはいったい、どうやって買おうというのだろう？

私たちが立っているこの大地は、私の祖父や祖母の灰からできている。大地は私たちの命によって豊かなのだ。

大地が私たちに属しているのではない。私たちが大地に属しているのだ。ひとつだけ確かなことは、どんな人間も、赤い人も白い人もわけることができないということ。私たちは結局同じ一つの兄弟なのだ。私たちが大地の一部であるように、あなたもまたこの大地の一部なのだ。大地が私たちにとってかけがえのないように、あなたがたにとっても大地はかけがえのないものなのだ。だから白い人よ、私たちが子どもたちに、伝えてきたようにあなたの子どもにも伝えてほしい。大地は私たちの母です。大地にふりかかることはすべて私たち大地の息子と娘たちにもふりかかるのだと。あらゆるものがつながっている。私たちは命の織物なのだ。ただし人間たちが命の織物を織ったのではない。私たちはその中の一本の糸にしか過ぎないのだ。この一本の人間という糸は、多くの命の糸によって支えられている。一本の命を守るために他の糸を断ち切ると、私たちの一本の糸もやがては生きてはいけない。

もし、私たちがどうしてもここを去らなければならないとしたら、どうか白い人よ、私たちが大切にしたようにこの大地とたくさんの命を大切にしてほしい。

美しい大地の思い出を、受け取ったままの姿で、心に刻みつけておいてほしい。そしてあなたの子どもの、そのまた子どもたちのために、この大地を守りつづけ、私たちが愛したように大地を愛しつづけてほしい。いつまでも、どうか、いつまでも。

巨大な命に包まれて

インディアンの古老の歌にもこうあります。

もしも、お前が「枯葉って何の役にたつの？」と訊《き》いたなら、私は答えるだろう。枯葉は病んだ土を肥やすのだと。お前は訊く。「冬はなぜ来るの？」。すると私は答えるだろう。強くて新しい葉を生み出す為とさ……大地だけが生き続ける。

自分の人生がわからなくなったら、大地に訊け。すると、大地は答えてくれる。この土の上で起こった、さまざまなドラマを……すべての誕生と死を含んでいる。俺の幼い日の思い出も、その父の幼い日の思い出も、大地は全部覚えている。寂しくなったら、土に訊け、きっと、先祖たちが答えてくれる。お前が一人でないことを……。

「インディアンの古老の歌」

インディアンの友人が僕に言ってくれました。孤独を感じたら裸足《はだし》になって大地を歩いてごらん。多くの先人たちの声が聴こえてくるから……どうしても苦しい時には、大地に横たわれ。そうしたら大地がお前を抱きしめてくれるだろう。

あなたは最近どれくらい大地に直接裸足でふれましたか？　都会の人が孤独なのは、自然の道をアスファルトで固め、コンクリートジャングルの中で暮らしているからなのかもしれません。

インディアンの首長シアトルが、アメリカ14代大統領に託したアメリカ大陸は200年も経たずに多くの木々は伐採《ばっさい》され、空は汚れ、海は青さを失いつつあります。「大地は怒っている」とインディアンは言っています。

NASAの主任研究員だったジェームズ・ラブロックが「地球は生きている」とデータを揃えて伝えています。

それを「ガイア仮説」として発表しました。

ガイア仮説とは、恐ろしく冷たい宇宙の中で、地球だけは生物が死滅するほど凍ることもなく、太陽の放射能と高温の熱放射にさらされているのに、地球の川や海はそのために沸とうして、蒸発することもありません。地球の中では、常に多くの命を育む環境が維持されています。火星などは太陽の熱放射が当たる場所は灼熱《しゃくねつ》地獄になります。逆に太陽の光が当たらない場所では氷の世界へと変貌《へんぼう》します。それは、宇宙のほかの星々も同じです。

これが何億という銀河の星々の常識です。それとはまったく違ったシステムとして地球だけは存在しているのです。**だから地球は「奇跡の星」なのです。**

僕たち人間は、体温を36度前後に維持しながら生きています。スキーのゲレンデにいても、常夏のハワイで太陽の下でも僕たちの体温は36度前後で保たれています。これが恒常性（ホメオスタシス）と呼ばれる生命の現象です。さらにこの生命と同じようなシステムで、宇宙の中で地球だけが恒常性を保ちながら存在しているのです。

死は命への贈り物

人間一人ひとりの身体の中では、多くの細胞が毎日たくさん生まれては死んでいます。このような「死」と「生」の新陳代謝により、僕たちの身体は新しくリニューアルされ新しい私を生きています。だから、生体内では「たくさんの死」が日々バトンを渡して、「巨大な人間」を生かしているのです。そして、僕たちの「死」も、この巨大な地球から見ると新陳代謝のドラマの一つかもしれません。

このように大きな視点から見れば、この地球の中で死は存在しません。形を変えていくだけです。動物や植物の命をいただき、僕たちの「命」は生かされています。そして、人間も地球から酸素を吸い、二酸化炭素を放出し、それを地球に返して植物の光合成につなげています。その植物を食べた動物の命をとり込んで、今日のあなたは生きているのです。地球と僕らは一つなのです。

さらに物理の世界では、植物も、動物も、人間も、地球も、すべての物質は宇宙のどこにでも存在する材料からできていることがわかっています。**不思議なことに人間だけに存在する特別な材料（素粒子）はないのです。**

僕たちの身体は、細かくさらに細かく細分化されると、素粒子になります。「物」も「人」も「星々」も細かく細分化すれば、同じ素粒子になるのです。

ですから、あなたが手にしている「この本」も、あなたの周囲の空気も、水も、光も、この本を読んでいる「あなた」も、素粒子が形を変えた姿だといえるのです。そして地球は素粒子がいっぱい詰まったスープです。その中の小さな水の集まりが僕であったりあなただったり。やがて寿命がきて、僕たちは大地の中の巨大なスープに混ざるのです。だから、地球上の中では増えることも減ることもないのです。形を変えるだけです。

それを発見したのは物理学者だけではありません。多くの先人も悟りの中で感じていました。ブッダもそうです。この世のありとあらゆる存在は、それぞれの素粒子が形を変えた姿だと言ったのです（色即是空《しきそくぜくう》）。そして、何もない空間に見える中にも、すべての物質を作り出す素粒子のスープがいっぱい存在している（空即是色《くうそくぜしき》）。だから、この地球の中の、すべては形を変えるだけで、生まれることも減ることもない（不生不滅《ふしょうふめつ》）。水は干あがって雲になり、雲から水が落ちて水がたまり、池、湖、海になります。地球の中では増えることも減ることもない（不増不減《ふぞうふげん》）。そして、身体から出たものが肥料になり、植物の排泄した空気を吸って、人は生きる。だから、汚いものは何もない（不垢不浄《ふくふじょう》）。すべては僕たちが認識したものに名前をつけているだけだと。

もちろんここで紹介した、般若心経《はんにゃしんぎょう》は一部です。もっと深い意味なのです。僕ごときが理解できるものではないようです。

「あなた」と「私」は、もともとは一つなのです。生きることは「あなた」や「僕」になって一時それぞれを演じています。

だからインディアンの言うように、死は母なる地球のスープに戻っていく現象なのです。そこには、すべての過去生きてきた、生きとし生けるものが、形を変えて存在しているプールがあるのです。それが大地だというのです。

個として生きるとは、自由な広がりがある心を、一つの身体に閉じ込めて生きることです。プールから小さな水として分割されているので「孤独」なのかもしれません。

ですから、インディアンの言うように僕たち人間という存在すべても一本の糸に過ぎないのです。それは、他の動物や植物の糸によって支えられています。僕たち人間が、この地球の「命の織物」を作ったわけではなく、人間はその中の一本の糸に過ぎません。

死はすべてのものとつながるプロセス

インディアンの世界では、死はその巨大な大地のスープに入っていくプロセスなのです。

心理学者フロイトは、僕は頭で考える「意識の世界」と、心の深い奥にある「無意識の世界」があるという研究を続けました。そのフロイトの弟子であったユングは、無意識の奥底には、人間を超えた他の動物や植物、宇宙ともつながる部分があると考えました。それを「集合無意識」と名付けました。まさに素粒子の集まったスープの世界です。あらゆるものがつながっている現代物理学が導き出した世界と同じです。

ユングも肉体は滅んでも、すべてとつながる魂の世界はあると考えたようです。

臨死体験の経験者が亡くなった瞬間に肉体から抜けたという報告は、民族を超え、世界中の人から報告されています。それは多くの歴史書の中にも発見されています。

もちろん、僕は宗教家ではありませんから、心理カウンセラーとして、現代の死は終わり、すべてなくなると思う事実よりも、人は「受けとめ方」で気分は前向きになれるのですから、インディアンのようにすべての存在につながると思うほうが明るくなれます。終末医療の死への不安も、このような心の持ち方で前向きになれます。

実際は「あの世」に行ってみないと誰も真実はわかりません。今まで亡くなった人は、あの世に行ったきりです。お釈迦さまも「あの世はあるのですか?」と多くの人から質問されました。そのたびに「捨置記《しゃちき》」と言って、「あの世へ行けばわかる」と答えました。行ってもいないのに「ああでもない、こうでもない」と答えるのが時間のムダじゃ!（煩悩《ぼんのう》）と言いました。亡くなった人が帰ってこないのは、地球のスープがステキな場所だと思いましょう。たくさんの仲間に包まれるのだから。

生きることは孤独で当たり前

生きるのはその仲間のスープから離れて、小さな水の固まりとして生きるので、孤独で当たり前です。だから、仏教では生きることは孤独の修行だと言ったのです。キリスト教でも、生きることは原罪だと呼びました。

生きることは刑期を過ごしているのかもしれませんね。

だから、自殺は脱走ですね。

小児がん病棟で亡くなっていく子どもたちは、優しい子どもたちが多かったです。まるで修行が終わったような達観した子どもたちでした。

ある子はがんの肥大によって顔の形が変わっていました。その現実を見せないように親たちは病室の鏡を隠しました。夕方になると窓が鏡がわりになることを恐れてあわててカーテンを閉じました。でも、新しく入ってきた看護師はその経緯を知りません。ですからナースポケットにある手鏡を、その子にせがまれて見せたのです。もちろん悪気はありませんでした。変わり果てた自分の顔を見た少年は一言だけ新人の看護師に「ママに僕が鏡を見たと言わないでね、約束だよ」とお願いしたのです。その少年は、ママに鏡を見たことを最後まで言いませんでした。大人たちの優しい気遣いを知らないふりをしたまま一人旅立ちました。

ある子は小さい時から、点滴《てんてき》やら血液検査の注射針を刺しすぎて、血管がボロボロになっていました。看護師が注射針をその子の血管に刺すのに苦労していました。どの看護師もその子に痛い思いをさせたくないと努力するのですが、血管にスムーズに刺さりません。結果何度も失敗することになります。でも血管に針を刺すタイミングで運よくその子は眠ってくれていました。その子が亡くなった後に両親から看護師に渡された手紙に、「いつも私の血管が細くて注射針を入れにくくてごめんなさい。でも、いつも感謝していましたよ。看護師さんありがとう」。その子はいつも看護師が注射針を入れるのを焦らないように、注射の時には寝たふりをして痛みに堪えていたのです。看護師はその子の優しさと強さを知り、手紙を見て大いに泣きました。

小児がん病棟の子どもが看病疲れの親の頭を起こさないように、優しく撫《な》でているシーンを何度も見ました。七夕《たなばた》飾りに「妹が同じ病気にならないように」と自分が治ることより幼い妹のことを祈ったお兄ちゃんもいました。

第7章の「老い」の章でも書きましたが、人生の完熟期に到達した子どもが多かった気がします。だから、年齢にかかわらず、修行が終わり解放されたのだと思うようになりました。

その子たちが、苦しい治療と闘って「生きたかった今日」を、僕たちは生きています。だから、**孤独でもつらくても生きてほしいのです。**僕は子どもが亡くなったご両親に伝えるようにしています。今すぐ「あの子の行った場所」へ行きたいだろうけど、あの子は人生という修行が終わって呼ばれたんだと思う。神様からもう、「お前は修行が終わったのだよ。そのキレイな心のまま天においで。あと少しだけ修行をすればよかったのだから……」と言われたんだ。

僕は義理の母を自殺で亡くしています。だから、僕がその母の自死を語ることで、自死で残された家族や、子どもの悲しみを知っています。僕の講演会で話を聴いた人の中には、自殺を踏みとどまってくれた人もいました。だから、それが母の生きた意味になると僕は勝手に信じているのです。

インディアンは「命は終わらない、命は次に生きる人の命の助けとなる」と言います。ならば、すべての苦しみ、悲しみも、何かに生かすことで、死にも「意味が存在する」と僕は信じたいから。

死は誕生なのか

ですから、僕は亡くなる人の葬儀に行くと「また、向こうで」と、心の中で挨拶をするようになりました。

「咲く桜　残る桜も　散る桜」。良寛《りょうかん》和尚《おしょう》の辞世《じせい》の句といわれています。だから、「いつか僕も、そちらに行きますね」とその時には「また一緒に笑ってください」と……。

この世に生まれた日を「お誕生日」と呼びます。その「誕」は「偽る・欺く」という意味があります。そして亡くなった日を「命日」、命の日と書きます。そして、生きていた人のことを思い出して、思い出を語る時には「生前の夫は……」と語ります。これらの言葉に隠れている意味は、この世界は偽りの修行場で、真実の世界に生まれ変わる日を「命の日」と呼び、そして、今の世界を「生きる前」と呼ぶのではないでしょうか。

すると**今、生きている僕たちの世界は、あの世の予行演習みたいなもので、あの世に旅立つための準備期間を過ごしていると考えてみてはいかがでしょうか。**

フロイトの弟子の精神分析家のオットー・ランクは、人は生まれてくる時に一度、母の胎から出る時に死を体験している。だから死というものを、世界中の人々は恐れるのだと言いました。恐怖は後天的なものです。ヘビを怖がる国、タコを怖がる国、国によって忌《い》み嫌う対象はまちまちです。でも、世界中が忌み嫌うものがあります。それが「死」です。僕たちは母の胎の中で羊水に包まれて、お母さんの安定した心拍数のリズムの中をプカプカ浮いています。そして、外の光も胎児にとってはオーロラのように美しいそうです。栄養も排泄も何もストレスがありません。とても胎児は安定しているのです。でも分娩の時、その「幸せの楽園」から追い出されるのです。エデンの園を追い出される聖書の創世記も、それを表現しているのかもしれません。

そう思うと、僕たちのこの世界の「死」も、どこかに新たに「生まれる瞬間」になるのかもしれません。

死は苦しくない

『死に方のコツ』の著者・高柳和江医師の説明によると、死ぬ瞬間は感覚をつかさどる脳がほぼ機能していないようです。死に対して人が恐れる、痛い、苦しい、最悪だ……は脳の機能が正常に機能して感じる感覚です。意識が急速に低下して、心臓が止まりかける状態では、脳に血液がいかず脳は酸素不足で、ぼーっとしている状態になります。恍惚感《こうこつかん》に満たされていて、最後の段階で、医師が心電図をみて、あわてて蘇生を始める頃には、当の本人は、もうすでに「やすらぎの世界」へと旅立っているそうです。断末魔《だんまつま》の苦しみは死亡直前のケイレンが起こったり、大きな声を出してあえいだり、肩を大きく上下させたりする、身体の生理的な反応で、外から見て苦しそうと感じる現象です。本人の脳には、もう恐怖すら感じていません。医学的にも、死の瞬間にはエンドルフィン、エンケファリンという脳内の快楽物質がドッと出るそうです。

この脳内快楽物質が原因で、お花畑を見たり、素晴らしい音楽を聴いたり、まばゆい光を見たり……と至福感を感じるのだという説もあります。あの世を否定する人はこの脳内麻薬のせいだと説明する学者もいます。ただ、その恍惚感覚だけでは、身体から抜け、本人が自分の寝ている角度とは違う視点で、その手術室内の細部や、その瞬間に遠く離れている人々の会話などをこと細かく語る現象は、この脳内快楽物質の過剰《かじょう》分泌《ぶんぴ》だけでは説明ができないのも事実です。

外に抜け出しているとか、自分自身を上から見ているとか、その瞬間には、願った場所に行けた、という「臨死体験の現象」は説明が未だにつきません。事実であるとか、ないとかは、お釈迦さまの言うように捨て置きましょう（捨置記）。

ただ死ぬ瞬間は、柔道のしめ技で選手が気持ちよいので落ちた人は癖がつく落ち癖と呼びます。このように落ちる瞬間は聴くところによると、それはそれは、気持ちがいいようです。その落ちた時よりも遙《はる》かに気持ちのよい瞬間が死の直前にはあるのだと思えば、心が楽になりますね。

残された人の心がまえ

東北の震災の時の話です。その前にニュージーランドのクライストチャーチで地震がありました。語学学校のビルが崩壊したのです。多くの若者が何人も犠牲になりました。その中で学んでいた日本人学生からも犠牲がたくさん出ました。その日本人の親たちが、語学学校の倒壊したビルに、花を手向けるシーンがテレビで映し出されました。テレビを見ていて息子がぽつり、「皆が死んだんや」とため息まじりに語りました。僕は「親たちは寂しいだろうし悔しいだろうね」と語って、つづけて、「もし、お前がこのビルの下敷きになった学生なら、お前は最後の息を引き取る瞬間まで、誰かのために声をかけて、誰かを元気づけていたと信じていいかなぁ」と語りました。息子は「それでいい」と言ってくれました。

さらに、僕は息子に話しました。パパは仕事で飛行機によく乗って移動するだろう。もし、パパが乗った飛行機が落ちるようなことがあれば、亡くなったパパの遺体を探さなくていいよ。もしママが、「パパの遺体をどうしても探したい！」と言ったら、お前は男の子だから、お前が代わりに探してくれ。ママは女性だから、つらい思いをさせたくないんだ。でもパパは肉体のパーツにはいない気がするから正直に言って「探さなくていい」と思っている。でも、「どうしても」とママが言ったらね……。

パパはこの世がすべてだと思わない時があって、別の世界があるような気がする。だから、その時は「向こうで、皆で会おう！」――そう思うんだ。だから探さなくてもいいから。そして、お前がいなくなった時にも、パパはお前とも向こうで会えると信じているから、約束な。

彼はその時、まだ少年でしたが、頼もしく「うん！」と約束してくれました。

僕はそれから飛行機に乗ることに不安はなくなりました。何か息子に大切な遺言を託せたような気がして……。

悲しみにサヨナラする方法

でも、子どもが親よりも先に亡くなるのは親にとっては身を引きさかれるくらい苦しいでしょうね。だから、仏教では罪を言われ、三途《さんず》の川の河原で罪として亡くなった子どもたちは石を積まされるそうです。「一つ積んでは父のため、一つ積んでは母のため、一つ積んでは祖父のため」と。その石積みを鬼が途中まで積んだら、壊しにくる。「また、一から積み直せ！　お前たちは親を苦しめているのだ！」と。「だから、ここの賽《さい》の河原で石を積まされるのだ！」と言って、子どもが一生懸命に積んでいる先から鬼が壊すのです。最初、この話を聞いた時には「酷《ひど》い話だ！」と怒りすら感じました。でも、僕の好きなお坊さんがこの罰が終わる時が来ると……。それは「親が少しでも笑い始めた時だ」と……。

鬼が伝えます。「この三途の川を渡れ、もう修行が終わった。お前の親たちが笑うようになったぞ。よかったなぁ……」と。そして石積みの苦行は終わります。

誰かの死を悲しむのは当然のことです。でも、それが長く続けば、死んだ人があの世で苦しむのかもしれませんよね。すごく楽しい世界に来たのに、まだ、生前の大切な人たちが「自分のために苦しむ」のは……。

だから、喪が明けたら少しずつ笑うべきです。亡くなった人のためにも、喪《うしな》ったペットのためにもね。

想像してください。ペットが石を積んでいる姿を……。だからペットロスも同じことがいえるのだと思っています。そして、またいつか大地のプールの中で一つに混ざりましょう。愛する存在ならそれが可能です。僕はそう信じているのです。

「死というのは、たぶん、海みたいなものだろうな。
入っていくときはつめたいが、いったん中に入ってしまうと……」

ジルベール・セスブロンの遺作『死に直面して』より

作家遠藤周作は語ります。

死の沈黙は、絶対の無の沈黙、消滅の沈黙ではないのです。茶室に正座している人が感じる「静けさ」は、宇宙の大いなる賑《にぎ》やかに触れる直前の何かが含まれている。禅堂の「静かさ」「空」は単なる空虚《くうきょ》ではなく、巨大な世界の入り口に接する静けさなのです。まるでオーケストラの幕が上がり、指揮者がタクトを上げた瞬間の「静けさ」は、今から巨大な宇宙のエネルギーが、舞台から飛び出す前の静寂なのです。だから、一人の人が息を引きとった「瞬間の静寂」の向こうには、次の巨大な世界（あの世）の広がりがあるようです。

しかしいったん入ってしまった海は——永遠の命の海で、その海には陽光《ひかり》がきらめくように、愛がきらめいている……………。

遠藤周作『死について考える』より

参考資料

・エリク・H・エリクソン著／中島由恵（訳）『アイデンティティ　青年と危機』（新曜社）
・アルバート・エリス著／野口京子（訳）『理性感情行動療法』（金子書房）
・赤瀬川原平著『老人力』（筑摩書房）
・高柳和江著『死に方のコツ』（飛鳥新社）
・V・E・フランクル著／山田邦男（訳）／松田美佳（訳）『それでも人生にイエスと言う』（春秋社）

引用文献

・吉野弘著『二人が睦まじくいるためには』（童話屋）
・サン＝テグジュペリ著／河野万里子（訳）『星の王子さま』（新潮文庫）
・ヘルマン・ホイヴェルス著／林幹雄（編）『人生の秋に――ホイヴェルス随想選集』（春秋社）
・遠藤周作著『死について考える』（光文社文庫）

心理カウンセラー

衛藤 信之 えとう・のぶゆき

3人の教室からスタートして5万人の卒業生を輩出する日本最大級の心理スクールの代表。自身のプログラムは多くの上場企業で取り入れられ、顧問企業数はトップクラス。主催する教室は笑いと涙に包まれたライブ会場のよう。ネイティブアメリカンと生活した経験とカリフォルニアで学んだ最新の心理学を融合した心理プログラムは、多くの人間関係で傷ついた人たちを劇的に過去から未来に向かわせている。講演・プログラム提供は、トヨタ自動車、ANA、ダイワハウス、花王、大塚商会、Johnson & Johnsonなど、100社以上の一流企業を中心に、行政機関や教育機関など多方面にわたる。著作は『心時代の夜明け　本当の幸せを求めて』『「ほんとうの幸せ」の見つけ方』など8冊。

YouTube 公式チャンネル
https://www.youtube.com/c/mentaletoh

こころの羅針盤《コンパス》
人生《じんせい》を迷《まよ》わないために…

印刷　2021年8月20日
発行　2021年8月30日

著　者　衛藤信之《えとうのぶゆき》

装　丁　木村美穂（きむら工房）
校　正　有賀喜久子
協　力　日本メンタルヘルス協会

発行人　小島明日奈
発行所　毎日新聞出版
〒102-0074
東京都千代田区九段南1-6-17
千代田会館5階
営業本部　03-6265-6941
図書第二編集部　03-6265-6746

印刷・製本　光邦

ISBN978-4-620-32626-9